北朝鮮投資
大もうけマニュアル

It is time to invest in North Korea.

浅井隆

第二海援隊

プロローグ

地上最後の投資のフロンティア

今、北朝鮮情勢が熱い！

去年、あれほど「すわ、核ミサイル発射か⁉」と大騒ぎしていたのに、今年に入って逆に南北和平ムードが世界中のＴＶや新聞をにぎわせている。

そうした中で今、その北朝鮮を投資先としてのターゲットにしようという動きが世界中で出てきている。あのポンペオ米国務長官までが「北の非核化がちゃんと実行されることが証明されれば、米国の企業家や出資者による北朝鮮への投資を認める」と発言しているのだ。

北朝鮮は、これまで一党独裁と共産主義の弊害で経済は低迷し、一時は多数の餓死者を出すまでの悲惨な状況に陥った。しかし、ゼロからの出発だからこそ、その潜在的な成長力は驚くほど大きい。まさに「究極の未開市場」、まだ手つかずの「地上最後のフロンティア」とも言えるのだ。

気の早い中国人投機筋は、二〇一八年五月の段階で北朝鮮情勢が急速に好転する方に賭け始めている。北と国境を接する遼寧省丹東市の不動産価格が、どんどん上昇しているのだ。中国の不動産関係者の話によると、北朝鮮の経済開放で恩恵を受けるとみられる丹東のプロジェクトのマンション価格は、三月に金委員長が北京を訪問してからわずか二ヵ月で五〇％もはね上がった。

私は、二〇一七年二月のシンガポールでの世界的投資家ジム・ロジャーズへの独占インタビューにおける彼の、「北朝鮮こそ、私がもっとも注目している投資先だ。もし可能なら、全財産を投資したいくらいだ‼」という発言を思い出した。

北朝鮮の潜在力は、様々な分野にみられる。まず、あれだけの核兵器製造と核ミサイル組み立ての技術力をもっている点。それから、北朝鮮軍内にある秘密特殊部隊がバングラデシュの中央銀行から約九〇億円をだまし取ったとされるが、そのハッカーの能力は大したものだ。それを逆にベンチャー企業の技術として使えば大変な成長の原動力となる。そして、なにしろ安い労働力。さらに豊富な鉱物資源。あまり知られていないが、朝鮮半島には鉱物資源が極端なほど偏在していて、南にはほとんど存在しないのに、北側にはかなりの量の鉱物資源が埋蔵されていると言われる。金、鉛、鉄鉱石だけでなく、レアアースも多数存在し、世界屈指の埋蔵量を誇ると言われている。マグネサイト（世界二位）、黒鉛（三位）、亜鉛（五位）、タングステンという具合だ。韓国の調査機関の調べでは、北朝鮮の地下資源の潜在的価値は六四〇〇兆円とされており、韓国の二二三倍にのぼるという。まさに、驚きだ。

それについて、面白い話がある。かつて日本が朝鮮半島を統治していたために、それに関する情報は日本が持っているというのだ。いずれにしても、今後和平ムードが高まれば、投資にまつわるチャンスがやってくるだろう。

本書は、北朝鮮投資への第一歩として様々な情報を提供することを目的として書かれたものである。ただし、現時点（初の米朝会談の直後）で北朝鮮問題が本当に解決し大和平へ向かうかは、微妙なところだ。そこで強調しておきたいのは、私たち日本人にとって最重要かつ最優先で解決されるべき課題は、あくまでも完全かつ不可逆的な核の廃棄、そして拉致問題を中心とした人権問題であるということだ。投資によるもうけはその次の話である。
その前提がすべてクリアされれば、北朝鮮投資への明るい道が開けるであろう。ただし、孫子の兵法の例を引くまでもなく、敵の正体を知らねば、どんな話も始まらない。というわけで、本書を北朝鮮投資という観点だけでなく、未知なる国の理解を深める一助として活用していただければ幸いである。

二〇一八年六月吉日

浅井　隆

北朝鮮投資大もうけマニュアル――――目次

プロローグ

第一章　いま、北朝鮮が熱い！

第二章　大和平か戦争か？
――気になる北朝鮮情勢を大予測

第三章　北朝鮮を理解するための経済基本データ

第四章　北朝鮮へ投資する方法

第五章　北朝鮮の潜在力の大きさ

第六章　戦争になったらどう対処すべきか

第七章　北朝鮮銘柄全公開

エピローグ

第一章

いま、北朝鮮が熱い！

バブル・ハンターの温州商人が北朝鮮をロックオン!?

「平壌大同江《ピョンヤン・テドンガン》沿いにトランプタワーが建設され、マクドナルドがオープンするという見方までが一部の専門家の間で出てきた」――二〇一八年五月一六日、韓国の大手保守系メディア中央日報は、〝北朝鮮が改革開放へ向かうのではないか〟という期待感が一部の投資家の間で劇的に高まっていると報じた。

日本を射程に収めた多数の中距離弾道ミサイルが配備され、拉致問題といった言語道断の国家犯罪が未解決の状況下、北朝鮮への投資を口にすることなどもってのほかである。しかし事実として、北朝鮮の近隣国である韓国や中国、さらには米国を中心として対北朝鮮の制裁緩和、ひいては改革開放への移行を期待する人が増えている。

冒頭で明確に否定しておくが、本書は現時点における北朝鮮への投資を推奨するものではない。言うまでもなく、私たち日本人にとって最重要かつ最優先で解決されるべき課題は、完全かつ検証可能で不可逆的な非核化、そして拉致問題を中心とした人権問題だ。ご承知のように、米国は北朝鮮をテロ支援国家に指定しており、日本も制裁の輪に加わっている。そうした状況下で北朝鮮へ投資することなど、あってはならない。

ただし、長期的な視点に立ち、仮に北朝鮮を巡る諸問題が〝完全に〟解決され、本当の意味で北朝鮮が改革開放に至ったとすれば、本書は北朝鮮投資のパスポート（指南書）となり得る。

私たち日本人からするとあまりに拙速過ぎて呆れるばかりだが、事実として一部の投資家は米朝首脳会談の成功（すなわち北朝鮮への経済制裁が緩和されること）を見越して、すでに北朝鮮への投資を模索している。特に動きが早いのが、中国人投資家だ。とりわけ、〝温州商人〟なる者たちの関与が取り沙汰されている。そこで北朝鮮投資の話をする前に、この温州商人について簡単に触れておきたい。

このほど韓国の左派系メディアであるハンギョレ（二〇一八年五月一二日付）

は、「中国の北京、上海、浙江の投資家」が、中国と北朝鮮の国境付近で最大の都市である遼寧省丹東市の不動産を〝爆買い〟していると報じた。温州商人とは、そのうちの浙江省（温州市）を出身地とする投資家集団を指す。

上海より少し南に位置し、世界遺産の西湖を有する杭州市を省都とする浙江は、今までに多くの〝商人〟を輩出してきた。たとえば、中国最大のＥＣサイト「淘宝網《タオバオ》」を運営するアリババ・グループの本社は浙江（杭州）にあり、創業者のジャック・マー氏も浙江で生まれ育っている。この他にも、短期間で中国国内最大の飲料メーカーにのし上がった「娃哈哈《ワハハ》」や中国自動車メーカー最大手の「吉利汽車《ジーリー》」も浙江で生まれた。

その浙江の中でも温州市は、国有企業が経済の主体であった中国において古くから民営企業が繁栄してきた稀有な地域として知られる。なぜ、国有企業主体の中国経済において温州は民営企業のメッカとなったのか？　それは、温州市の置かれた状況が文字通りの〝陸の孤島〟であった点に尽きる。

山林と海に囲まれた温州市は、鉄道が通るまで主な交通手段は海路（上海航路）だけであった。その上海航路は、片道二二時間もかかる。実質的に中央から断絶されていた温州は、公共事業といった中央からの恩恵を授かることができず、古くから住人のほとんどが商売を志向してきた。そうした関係もあり、一九七八年に鄧小平が改革開放政策を導入した際に全国で初めて個人経営免許を取得したのは、温州の章華妹という女性である。その後、温州市は経済技術開発地区に指定された。

中国の古書には「温州人は商売が上手い」との記述が散見されるようで、彼らが常に中国国内で一目置かれる存在であったことが窺える。そんな温州商人に付いた異名は、「中国のユダヤ人」だ。

現在、三八万人の温州人が世界各地で商売などに従事しているとされる。特に台湾、シンガポール、米国、フランス、イタリア、オランダで温州出身の華人（現地の国籍を取得した中国系移民）が多い。

そんな温州商人は、中国人投資家のベンチマークとしても有名だ。たとえば、二〇一二年の春節（旧正月）に温州商人が大挙してカナダを訪問したことが現地メディアで報道されたのだが、国際決済銀行（ＢＩＳ）によるとそのカナダでは、二〇一七年九月までの五年間で不動産価格が四八％もの上昇を記録している。この上昇率は、日本の不動産バブル時（一九八六年四月〜一九九一年三月）のそれとほぼ同じだ。特に都市部の不動産価格が激しい上昇を記録したことは言うまでもないが、バンクーバーを中心に不動産を買い漁った温州商人が莫大な利益を手にしたことは想像に難くない。また、それ以前の二〇〇一年頃から上海の不動産を買い漁り、その後のバブルに乗じて彼らは莫大な利益を上げている。

大分前置きが長くなったが、その温州商人が次にターゲットとして狙いを定めているのが、「一帯一路」と「北朝鮮」だ。ただし、北朝鮮に関してはかなり以前から着目していたようである。

少し古い記事になるが、二〇〇四年七月三〇日付の中央日報（韓国紙）の報道を引用したい。

中国の商人が北朝鮮に向かっている。中国時事誌「瞭望東方周刊」の最新号は、「『いまが北朝鮮市場を先行獲得する絶好の機会』というスローガンのもと、中国商人らが急いで鴨緑江（アムノッカン）を越えている」と報じた。先頭走者は、お金になることなら何でも挑戦するという点から、中国の〝ユダヤ人〟と呼ばれる浙江省温州の商人。温州出身である瀋陽中旭グループの社長は最近、夢を膨らませている。七年前から注目していた北朝鮮最大のデパート、平壌（ピョンヤン）の第一百貨店の経営権を確保したためだ。現在、五〇〇〇万中国元（編集部注：当時のレートで約七億円）を投じて三万六〇〇〇平方メートルの売り場を準備している。年末に正式オープンし、中国産製品を輸入して販売する計画だ。温州では一〇日、中国国内では初めての『北朝鮮投資説明会』が開かれた。温州の中小企業および大企業の社長およそ二〇〇人が集まった。空席はなく、立ちながら説明を聞く人も多かった。

（中央日報二〇〇四年七月三〇日付）

西側諸国と対峙する北朝鮮と中国は同盟関係にあることもあり、温州商人は十数年前から北朝鮮に関心を寄せてきたのである。ただし、記事中の瀋陽中旭グループによる平壌第一百貨店の経営は頓挫したようだが、二〇〇六年からはこれまた温州商人の率いる温州東陽国浩貿易有限公司が一〇年間の賃貸権を獲得したようだ。

そして、このたび米朝首脳会談の成功を見越して温州商人の〝再来〟が盛んに報じられている。浙江の複数のメディアも北朝鮮の改革開放への期待を盛んに報じ始めた模様だ。

容易ではない北朝鮮投資

とはいえ、極めて閉鎖的な北朝鮮への投資は、たとえ同盟関係にある中国人でも容易ではない。北朝鮮の不動産を買おうと思っても、同国の不動産を購入できるのは北朝鮮国籍の人だけであり、北朝鮮投資へのアクセスは中国人であっても非常に限られている。

もちろん、中国人も黙ってはいない。中国人投資家は目下、北朝鮮に関連する案件への投資に躍起だ。具体的には、北朝鮮と国境を接する遼寧省や吉林省の不動産やそれら地域を主体とする株式の購入に走っている。

まずは不動産だが、前出の韓国紙ハンギョレは、二〇一八年四月二七日の南北首脳会談が開催される以前の段階で中国と北朝鮮の国境付近で最大の都市である遼寧省丹東市の住宅価格が一〇日間で四〇％の〝爆騰〟を演じたと報じた。中には二日間で六〇％も上昇した物件もあったというのだから穏やかではない。

ハンギョレは、丹東の不動産が狙い撃ちされている点について、「群がっている人々は、新義州（シンウイジュ）～丹東を結ぶ新鴨緑江（アムノッカン）大橋の中国側に建てられた新都市丹東新区に強い関心を見せる。北朝鮮が経済発展に力量を集中するという意向を明らかにした以上、国連の対北朝鮮制裁で低迷していた朝中交易が再び活性化し、新鴨緑江大橋が開通するかもしれないという期待感のせいだ」（ハンギョレ二〇一八年五月一一日付）と指摘した。この新鴨緑江大橋は、中朝貿易の活発化をもくろんで二〇一五年一一月に開通する予定であったが、昨今の中朝関係の悪化に伴い現在でも開通していない。

新鴨緑江大橋の開通を見越した投機行動には、丹東市当局もさすがに業を煮やしたようで、五月一四日に新都市丹東新区の不動産売買を規制する文書を通達している。規制の中身は、現地に戸籍を持たない人物が新たに建設された不動産を購入することの制限、また不動産売買契約から二年を経なければ不動産登記証明書を発行せず、同期間は投資家の売却を禁ずるというものであった。

南北首脳会談の前後には、不動産だけでなく北朝鮮関連の株価も沸騰している。たとえば、二〇一八年四月二三日の中国株式市場では長白山旅遊（吉林省長白山保護開発区）や吉林高速公路（吉林省長春市）といった〝東北株〟がストップ高を記録した。さらにその翌月一〇〜一五日までに、韓国の株式市場で〝北朝鮮鉱物関連株〟として有名な「ハナニッケル二号」（UBS HANA Ambatovy Nickel Ove）や「Tplex」といった鉱物関連の銘柄が三〇％もの上昇を見せたのである。

北朝鮮鉱物関連株とは別に、韓国国内では現代財閥《ヒュンダイ》の一角を担う現代峨山《ヒュンダイ・アサン》に対する注目度が高い。この現代峨山は、韓国で対北朝鮮三大経済協力事業として知られる開城《ケソン》工業地区事業、金剛山《クムガンサン》観光事業、京義《キョンイ》線鉄道と東海《トンヘ》（日本名は日本海）線道路の再連結・近代化事業を一手に担う企業だ。現代峨山の株式は、上場こそしていないが場外取引において急上昇している。ちなみに、現代財閥の創始者である鄭周永《チョン・ジュヨン》氏は北朝鮮の出自であり、自身の晩年には対北朝鮮経済協力事業に注力したことで知られる。

他方、日本での盛り上がりはどうか？　ご存じのように、ほとんど盛り上がっていない。なぜなら冒頭で述べたように、日本人拉致を中心とした人権問題が解決に至っていない日本は、対北朝鮮制裁を主導する立場にあるからだ。韓国も同じ立場ではないかと思うかもしれないが、韓国では一定数の親北派がいることもあって、南北統一への期待感が先行しやすい。

ただし、日本でも野村ホールディングスの傘下であるノムラ・インターナショナル（香港）のアジア責任者（日本株リサーチを除く）ジム・マカファティー氏が、南北統一が決まった場合の株式購入リストを用意している。米ブルームバーグ（二〇一八年四月一八日付）によると、同氏の注目銘柄は以下の通り。

・コマツや斗山インフラコア（韓国株）
　理由：建設機械メーカーは北朝鮮の鉱物採掘事業で恩恵
・SKテレコム（韓国株。NYSEにも上場）、LGユー・プラス（韓国株）、NTTドコモなどの通信
　理由：北朝鮮から周波数帯を割り当てを受ける可能性
・ポスコ（韓国株。NYSEにも上場）を含む鉄鋼メーカー、オットゥギ（韓国株）や農心（韓国）などの食品会社
・一方、韓国航空宇宙産業（韓国株）やハンファテックウイン（韓国株）など防衛関連株は売り

もはや説明するまでもないと思うが、このジム・マカファティー氏の推奨も

含め、今までに紹介した韓国株（北朝鮮鉱物関連株）や中国株（東北株）、そして中朝国境付近の不動産も、ここ最近の値動きのすべてが思惑先行で上昇を演じている。まさに、博打でしかない。

今後の見通しについては第二章で詳しく述べるが、先の米朝首脳会談に関しては、ご存じの通り具体的な進展はなかった。敵対関係にある首脳同士が面と向かって会ったこと自体に意味を見出せなくはないが（そういった意味では北朝鮮の脅威はごく短期的に取り除かれたかもしれない）、非核化に向けた動きが具体的に決められた形跡はない。結局のところどちらに転ぶかは依然として判然とせず、私たちは戦争と統一（そこまで行かずとも米朝の国交正常化）の両シナリオを視野に入れておくべきである。

また、米朝が非核化の交渉をしている段階で韓国や中国が先走って三ヵ国が勝手に経済的な連携を深めることだって考えられなくはない。他方で、米朝の今後の交渉が成功し朝鮮戦争の休戦協定が平和協定に転じたとしても、どのように統一が進展するのかは予断を許さない。韓国が主導するケース、北朝鮮が主導するケース、はたまた周辺六ヵ国（南北朝鮮、中国、ロシア、日本、米国）が絡むケースなど、想定しうるシナリオは枚挙に暇がない。

それに何より、統一が実現したとしても統一には莫大なコストがかかる。英ヘッジファンドのユーリゾン・SLJキャピタルが東西ドイツの例を元に南北統一のコストを算出したところ、約一〇年間で約二兆ドル（約二二〇兆円）も必要なことが判明した。同社は、「理論的な推算だが、韓国は非核化費用のために経済に深刻な打撃を受ける可能性が高い」と指摘する。現に東西ドイツの例では、「一九八九年のベルリンの壁崩壊後、ドイツの株価は二八％上昇したが、統一のコストが改めて明らかになると、たちまち下落に転じた」（米ニューズウィーク誌二〇一八年五月二二日号）。

私が懇意にしているカギ足チャートの分析家、川上明氏も「南北が実際に統一すれば、株は売り」だと断言する。

北朝鮮情勢は、変数の固まりだ。統一にたどり着けるかもわからず、たどり着いたとしても経済的にバラ色を意味するわけではない。しかし、「何もわからない」と開き直ってしまっては本書もここで終了してしまうので、次項からは南北統一と北朝鮮の改革開放を前提として、中国人投資家や韓国人投資家が注目している分野を中心に北朝鮮投資の可能性を指南して行きたい。

北朝鮮が深圳になるって本当⁉

「中国がちょうど四〇年前に始めた対外開放は、中国のみならず世界も大きく変えることになった。潜在的な経済規模の点では北朝鮮は中国の影響力に遠く及ばないが、似たようなビッグバンの瞬間が訪れようとしているとすれば、世界にとってポジティブサプライズになるだろう。フロンティア市場への投資家にとっては、今後検討に値する全く新しいマーケットが現れる可能性がある」――二〇一八年五月一一日付米ブルームバーグはこう期待感を示した。そして鄧小平が一九七八年にシンガポールを訪れたことに触れ、単なる偶然としながらも、その直後に同氏が改革開放を導入したことから同様の期待を北朝鮮へ向けたのである。

中国人投資家の中には、北朝鮮の経済特区のいずれかが「将来的に深圳と同じくらいまで発展する」と断言する猛者も少なくない。ちなみに、現時点で北朝鮮には五ヵ所の経済特区、二二ヵ所の経済開発区がある。

中国で改革開放の象徴とされる深圳は、改革開放導入の翌年（一九七九年）に加工貿易の拠点として市に昇格、さらにその翌年には経済特区に指定された。改革開放が導入される以前の深圳は、単なるひなびた漁村に過ぎなかったが、経済特区に指定されたことを契機に〝深圳の奇跡〟が起こったのである。

深圳は、驚異的な成長を遂げた。事実、深圳の一九七八年から二〇一七年までのGDP（域内総生産）の平均成長率は驚愕の二三％。その結果、GDPは一九七八年の約三四億三〇〇〇万円から、二〇一七年には約三九兆円にまで拡大。二〇一七年には、深圳が目標としてきたあの香港のGDPを抜き去った。深圳のGDPはいずれ上海のそれ（約五二兆円）も上回るとの観測も出ている。

二度の中朝首脳会談（二〇一八年三月二五〜二八日、五月七〜八日）と南北

首脳会談（四月二七日）を終えた後の同年五月一五日、北朝鮮の金正恩総書記は、朴泰成《パク・テソン》労働党中央委副委員長を団長とした「親善観覧団」なるものを中国に派遣した。この一行はまず北京で、中国のシリコンバレーと呼ばれる中関村や先端農業技術を研究開発する農業科学院、さらには北京市の地下鉄建設を計画した北京市基礎施設投資有限公司を視察。続いて、重慶と並んで中国内陸部の発展を先導する陝西省の西安市、さらには中国一の経済都市である上海を訪問した。

そして、団長である朴泰成氏は北京の人民大会堂で中国の習近平国家主席と会談した際、はっきりとこう断言したのである――「中国の経済建設や改革開放の経験を学びに来ました」（ハンギョレ二〇一八年五月二二日付）。この発言によって、中国人投資の期待が沸点に達したことは言うまでもない。

現時点で北朝鮮が〝深圳の奇跡〟を再現できるかはさすがにわからないが、大量に鉱物が埋蔵されている同国の潜在性は極めて高いとの評価もあり、改革開放が導入されれば驚異的な成長を遂げる可能性もゼロではない。同国の潜在性については後の章で詳しく触れるが、韓国のシンクタンク対外経済政策研究院の試算によると、南北統一が成された場合、北朝鮮は二〇三〇年まで年平均一六％のＧＤＰ成長率を実現できる可能性もあるという。

現時点でとりわけ有望視されているのが、朝鮮半島の三大経済ベルト（環西海圏、接鏡地域、環東海圏）と、前述した五ヵ所の経済特区と二二ヵ所の経済開発区だ。前者は韓国政府が北朝鮮に提案したもので、後者は北朝鮮の金正恩総書記が近年になって設立したものである。そして、中国人と韓国人を中心に早くもこれらの地域の投資案件を物色する動きが出ている。そこでまず、朝鮮半島の三大経済ベルト（環西海圏、接鏡地域、環東海圏）から簡単に説明したい。

環西海圏は、韓国の西南に位置する木浦《モッポ》市を起点に韓国の西北部に位置する仁川《インチョン》広域市、そしてＤＭＺ（南北非武装地帯＝軍事境界線を挟んで南北二キロメートル、計四キロメートルにわたる地域）を跨ぎ開城《ケソン》工業団地がある開城市、さらに北朝鮮の首都である平壌《ピョンヤン》市、そこからさらに北上して北朝鮮の新義州《シニジュ》、

朝鮮半島三大経済ベルト

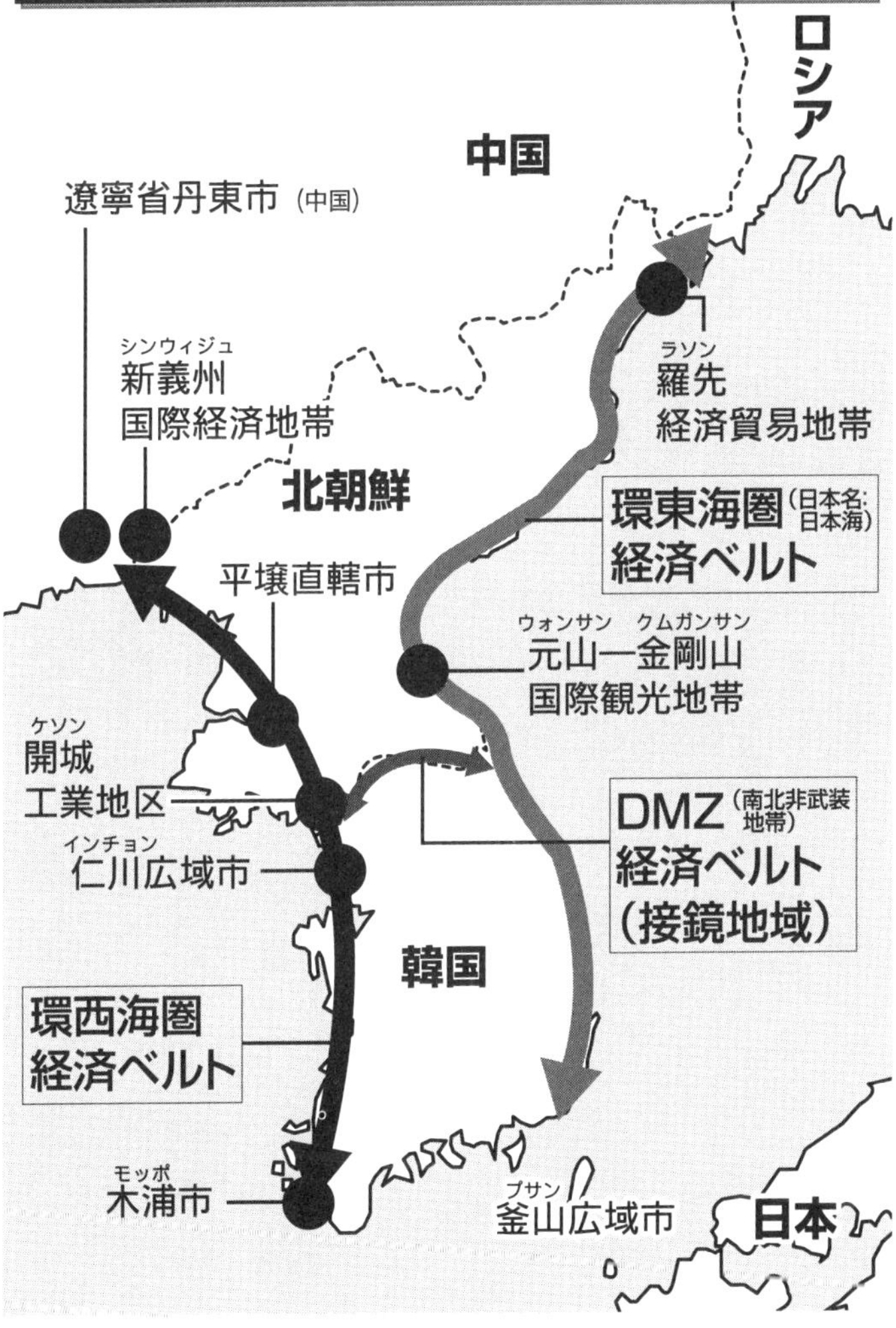

最後に中国の遼寧省丹東市へ行き着く経済ベルトを指す。経済ベルトの主な目的は、産業・物流の促進だ。

次に接鏡地域だが、これはDMZの自然環境を利用した観光ベルトを指す。DMZには半世紀以上にわたって人の活動がおよんでおらず、貴重な野生動物や原生自然の宝庫となっている。また、南北首脳会談が開催された板門店《パンムンジョム》があるため、韓国政府はDMZを生態・平和安全保障を売りとした壮大な観光地帯として開発しようというわけだ。

余談だが、DMZ観光ベルトのエリアはすでに投機の場所と化している。実はDMZの韓国側にはCCZ（民間人統制区域）という民間人の立ち入りが統制されている追加的な緩衝地帯があるのだが、韓国軍が管理しているものの土地の取引が認められているため、一部の投資家が殺到しているのだ。DMZとCCZ内には、朝鮮戦争の負の遺産として数十から数百万個の地雷が残存しているにも関わらずである。

二〇一八年六月七日付の米ウォール・ストリート・ジャーナルは「米国と北

朝鮮の間での永続的な合意成立を期待して、平和への究極の賭けに出ている勇気ある投資家が一部にいる。彼らは、地雷原となっている非武装地帯（ＤＭＺ）に近い韓国側の土地を競って買い求めている」とし、中には短期間で土地の価格が二倍になった例もあると、その過熱ぶりを報じた。

話を戻そう。最後に環東海圏だが、これは韓国南部の都市である釜山《プサン》を皮切りに、金剛山《クムガンサン》観光地区、そして金正恩総書記が開発に注力する元山《ウォンサン》、さらに北朝鮮の北東の港湾都市である羅先《ラソン》特別市、最後にロシアにつながる経済ベルトを指す。経済ベルトの主な目的はエネルギーと資源の開発促進だ。

では、次に北朝鮮の経済特区と経済開発区について見てみたい。ちなみに、経済特区と経済開発区は違う。前者の特区は金日成や金正日の時代に誕生したもので、開発区は金正恩総書記の時代に生まれた制度だ。

まずは経済特区だが、その歴史は意外と古く、一九八四年に制定された共和国合営法（外国資本と自国資本による合弁会社の設立を認めた法律）に基づいて一九九一年に北朝鮮で初めてとなる経済特区「羅津《ラジン》・先鋒《ソンボン》経済貿易地帯」が誕生している。また、二〇〇一年に新義州《シニジュ》特別行政地区と開城《ケソン》工業地区、二〇一一年には金剛山《クムガンサン》国際観光特別区が設立された。この他にも二つの特区がある。

　前述したように、古くから存在する経済特区は金正恩総書記によるものではなく、どれも先代の金日成と金正日の遺産だ。ところが、この特区のほとんどは失敗に終わっている。そこで、金正恩総書記が新たに打ち出したのが経済開発区だ。北朝鮮で経済開発区の概念が唐突に提示されたのは二〇一三年三月三一日のことで、この日の労働党中央委全員会議（北朝鮮の重要政策方針を決定し、組織の人選問題を扱う役割を担う会議）で金正恩委員長が突如として経済開発区の設置に言及したのである。そして、同年五月に経済開発法が制定されるに至った。

　詳細はわからないが、金正恩総書記が打ち出した開発区と既存の特区には、大きな違いがあるとされている。専門家が着目したのは、金総書記が開発区の設立を宣言した際に新たな法律を制定した点だ。

　もしかすると金正恩総書記は祖父と父が作った特区を失敗作と見なし、新たに開発区を設立することによって「私こそが経済の再建を担う」と考えているのかもしれない。それゆえ複数の観測筋は、金正恩総書記が中国型の改革開放を推進させるのではないかと期待感を寄せている。

著名投資家のジム・ロジャーズも、金正恩に期待を寄せるうちの一人だ。ロジャーズは以前から金正恩総書記は（北朝鮮の）経済発展を加速させると発言しており、二〇一五年五月五日に米CNNマネーからインタビューを受けた際にこんな返答を寄せている――「金正恩の父や祖父の代なら、（北朝鮮に）絶対投資しないだろう。毛沢東時代の中国に投資しないと同じことだ。しかし、毛はこの世を去り、鄧小平が大きな変化をもたらした。北朝鮮では大きな変化が起きている。その子（金正恩北朝鮮労働党第一書記）が驚くべき変化を作り出している」（ハンギョレ二〇一五年五月六日付）。そして、こう断言したのであった――「可能であれば、持っているお金すべてを（北朝鮮に）投資したい」（同前）。彼は今でもその考えを捨ててはいないようだ。むしろ朝鮮半島の統一に対する期待感がさらに膨らんでいるようで、中央日報（二〇一八年六月一一

経済開発区の開発内容

2016年6月時点

開発内容
輸出加工、貨物中継、観光、金融、製造業、サービス業
金融、貿易、工業、先端科学、娯楽および観光
工業、金融、商業、観光、サービス業
観光サービス業、他のインフラ整備
ハイテク産業、軽工業、農業、商業、観光業
辺境貿易、観光、物流、加工業
輸出加工、金属加工、機械製造、軽工業、建材、電子、物流
農畜牧業基地、農業科学研究団地
ゴルフ、水泳、競馬、民族飲食業
果樹栽培加工、山菜加工、牧畜業、薬剤加工
化学、製薬、建材、機械工業、中継貿易
木材加工、現代農業、観光レジャー
貿易、有機農業、観光
鉱山物、木材加工、機械設備、農産品
農業、観光レジャー、貿易
ハイテク産業、軽工業、観光サービス業
輸出加工、金属、観光、不動産、食品加工
倉庫保管、貨物輸送
観光レジャー、スポーツ、娯楽
先端科学技術
輸出加工、情報技術、ナノテクノロジー技術、先端工業設備政策、生命科学技術
農業、水産、畜産業、有機食品加工、エネルギー、海水浴場、ゴルフ、サービス業
岸壁、発電所、鉄鋼、セメント等の重工業
石灰、化学製造
米、農産品
民俗村、文化娯楽、キムチ加工、ミネラル、果樹園
——

「ERINA REPORT 李聖華
『朝鮮民主主義人民共和国における経済開発区設立に関する一考察』」を基に作成

北朝鮮における経済特区と

	項　目	地区	設立年度
経済特区	羅津・先鋒経済貿易地帯	羅先特別市（咸鏡北道）	1991
	新義州国際経済地帯（新義州特別行政区）	平安北道	2014（2002）
	開城工業地区	黄海南道	2002
	金剛山国際観光特別区	江原道	2011
	黄金坪・威化島経済地帯	咸鏡北道	2011
	茂峰観光特区	両江道	2015
経済開発区	清津経済開発区	咸鏡北道	2013
	漁郎農業開発区	咸鏡北道	2013
	穏城島観光開発区	咸鏡北道	2013
	北青農業開発区	咸鏡北道	2013
	興南工業開発区	咸鏡北道	2013
	恵山経済開発区	両江道	2013
	満浦経済開発区	慈江道	2013
	渭原工業開発区	慈江道	2013
	鴨緑江経済開発区	平安北道	2013
	峴洞工業開発区	江原道	2013
	臥牛島輸出加工区	南浦市	2013
	松林輸出加工区	黄海北道	2013
	新坪観光開発区	黄海北道	2013
	開城古都科学技術開発区	黄道南道	2013
	恩情先端技術開発区	平壌市	2014
	康翎国際緑色モデル区	黄道南道	2014
	珍島輸出加工区	南浦市	2014
	青南工業開発区	平安南道	2014
	粛川農業開発区	平安南道	2014
	清水観光開発区	平安北道	2014
	慶源経済開発区	咸鏡北道	2015

日付）のインタビューでは次のように語っている――「韓国の資本が北朝鮮のよく教育された若い人材、豊富な資源と結合し、大きな上昇効果が生じる可能性がある」。

ロジャーズだけでなく、一部の中国人投資家も「金正恩は第二の鄧小平になる」と言って憚らない。そして、金正恩総書記の仕事である経済開発区の話を持ち出し、こう意気込むのである――「私はピョハッタンのマンションに投資するつもりだ！」。このピョハッタンとは、ニューヨークのマンハッタンと平壌を重ね合わせた造語で、近年、建設ブームが巻き起こっている平壌の大同江《テドンガン》沿いにそびえ立つマンション群を指している。

ここで気になる平壌の住宅価格について見てみよう。中国の海外不動産投資サイト「有路」（Uoolu.com）が二〇一八年四月二三日に発表した北朝鮮の不動産投資ガイドよると、二〇一八年現在、平壌のマンションの平均価格は一平方メートル当たり八〇〇〇米ドル（八八万円）、そして平壌のマンション一戸の大体の価格は二〇万ドル（約二二〇〇万円）だ。この一〇年で一五倍も上昇したという。「北朝鮮は世界でもっとも速く不動産価格が上昇している地域の一つ」と主張する有路は、平壌の他にも新義州《シニジュ》、開城《ケソン》、南浦《ナムポ》、羅先《ラソン》、清津《チョンジン》にも注目すべきだとし、一平方メートル当たりの住宅価格がそれぞれ新義州《シニジュ》＝五〇〇〇ドル～、開城《ケソン》＝二三〇〇～四〇〇〇ドル、南浦《ナムポ》＝三五〇〇～六〇〇〇ドル、羅先《ラソン》と清津《チョンジン》は共に一〇〇〇ドルだと詳細に報じた。

ちなみに、この有路というサイトは中国人の海外不動産投資熱を探る上でとても参考になるので、インターネットができる方はぜひ閲覧して見て欲しい。

さて、金正恩総書記が指定した二〇一八年時点で二二一カ所の開発区の中でも特に投資家の関心を集めているエリアがある。それは、平壌江南《ピョンヤンカンナム》地区だ。江南《カンナム》と聞くと、韓国ソウル市でもっとも富裕なエリアとして知られる江南《カンナム》区を想像する人がほとんどかもしれない。実は、北朝鮮の平壌にも同じ地名が存在するのだ。

そしてこの平壌江南は、半島が統一しさらには北朝鮮が改革開放を推進すれば、「熱烈エリア」になることが確実視されている最重要スポットである。

平壌江南《ピョンヤンカンナム》にマクドナルドが開店する⁉

「米朝首脳会談の成功でトランプタワーの建設と米飲食品ブランドの平壌店オープンが進められれば、大同江岸江南《テドンガン・カンナム》経済開発区に造成されるニュータウンにできると期待される」（中央日報二〇一八年五月一六日付）――韓国の会計・コンサルティング専門機関サムジョンKPMGのチョ・ジンヒ研究員（対北朝鮮ビジネス支援センター所属）は、本章冒頭で引用した中央日報でこう予想している。

北朝鮮投資の話題が上がった際、平壌江南《ピョンヤンカンナム》のことが俎上に載らないことはまずない。それほど同エリアは注目を集めている。

ことのきっかけは、二〇一七年一二月二一日に金正恩総書記が大同江岸《テドンガン》に位置する平壌市江南郡古邑里《カンナムグンコウムリ》一帯を「江南経済開発区」に指定したことだ。この事実を韓国と中国のメディアは〝世紀のビッグ・ニュースだ〟と言わんばかりに大々的に報じたのである。

というのも、北朝鮮の首都である平壌は同国にとって主体革命（チュチェ革命。主体思想に基づく国家統治理念）を象徴する都市だからだ。日本人からするとなかなか理解できないかもしれないが、絶対的指導者である金一族の正当性をもっとも象徴する都市が平壌なのである。

たとえば、平壌市内では神格化された二人の前指導者の銅像の前を車で通過する時などは減速しなければならない、といったルールが無数に存在するのだ。その平壌市内に他国の資本を受け入れる経済開発区が誕生するとは、ほとんどの北朝鮮ウォッチャーが予想だにしなかったことなのである。

実際、左派系メディアのハンギョレ（二〇一八年三月二五日付）は「北朝鮮メディアの〝江南経済開発区〟指定報道に接した専門家たちは、ほとんどがとんでもないことだと感じた」と報じた。北朝鮮観測筋の発言を引用して、「金正恩委員長が対外開放と関連して何らかの戦略的決断を下したという傍証」（ハンギョレ二〇一八年五月二一日付）だと指摘している。

ここで平壌市の基礎データを簡単に確認しておきたい。平壌は正式には平壌直轄市と言い、人口は約二五〇万人。これは北朝鮮全体（二四九〇万人）の約一〇分の一に相当する。市内に柳が多いことから柳京《リョギョン》という別称もある。平壌に住める人は限られており、主な住民の内訳は労働党員や軍部、内閣の幹部、そしてエリート階層だ。それゆえ、〝柳京〟は一般市民にとって憧れの都と映っているという。

平壌は北朝鮮国内では随一の経済発展を遂げており、滞在経験のある外国人の話を統合すると、私たちが想像している以上に住民の生活は欧米化が進んでいる可能性が高い。欧米型の飲食店やコーヒー・ショップ、また娯楽施設としてのプールやエステなども多くあるという。

英エコノミスト誌（二〇一八年五月二六日号）は、実際に平壌に滞在した記者の言葉として、

——北朝鮮に対する経済制裁が最近強化されたにもかかわらず、（平壌で

は）お金さえあれば、ある程度の物質的な充足を得ることができる。レストランではピザやパスタ、すしのほか、西洋風のエンターテイメントが供される。あるレストランではスタッフによるバンドが朝鮮の伝統歌である『アリラン』や、ディズニー映画で流れる感傷的なデュエット曲『愛を感じて』を感動的に演奏する。

（エコノミスト二〇一八年五月二六日号）

と伝えた。

その平壌では、金正恩総書記の代になってから建設ブームが巻き起こっているという。二〇一二年には四八階建てのタワー・マンションが一八棟も建設され、外国人の駐在員を中心にピョハッタンと呼ばれるようになった。また二〇一七年には、金正恩総書記の祖父である金日成の生誕一〇五周年を祝うために三〇〇〇棟以上のマンションが建設されたことがわかっている。

ちなみに、平壌には大同江《テドンガン》が東西に流れているのだが、建設ブームが巻き起こっているのは主に大同江沿いだ。そして、本項の主題である江南経済開発区もこの大同江沿いに位置する。平壌の中心部から南西側の大同江沿いに位置する江南は完全な未開発地域で、現在は田畑と果樹園しかない。

とはいえ、立地などを勘案すると江南の潜在性はとても高いと言える。江南と平壌中心部は「平壌―開城高速道路」で結ばれており、車で一〇分（距離にして五～一〇キロメートル）も走れば中心部へたどり着く。江南に関心がある方は中国のポータルサイト「百度」（baidu）の地図サイト「百度地図」で平壌市内を閲覧すると良い。すぐに外部の投資家が関心を抱くわけがわかるだろう。

冒頭でも述べたように、将来的にこの地に米国資本主義の象徴とされる「マクドナルド」が開店する可能性もゼロではない。現に二〇一八年六月二日付の米ワシントンポストは次のように報じている――「北朝鮮の金正恩（キム・ジョンウン）国務委員長が米国に対する好意的な意思表明の一環として、西欧式ハンバーガーフランチャイズ（マクドナルド）を受け入れる可能性がある」。

また、米中央情報局（CIA）も同年五月中旬にホワイトハウス向けの報告書

地図で見る江南開発区の位置

百度地図より

で同様の見方を示した。さらには、ドナルド・トランプ米大統領もかねてから「金正恩とハンバーガーを食べながら話をする」と述べている。

米国の著名ジャーナリストであるトーマス・フリードマン氏はかつて、「紛争防止の黄金のM型アーチ理論」なるものを提唱した。これは、端的に言うと「マクドナルドの店舗がある国同士は戦争をしない」という仮説である。フリードマン氏は、一九九〇年代に冷戦が終了した際、同一のグローバルなサプライチェーンに属する国同士は経済的な損失がとてつもなく大きくなるため、戦争に至ることはないと考えたのだ。

もちろん、M型アーチ理論は万能ではない。米国との国交正常化によって、中国の北京や上海、ロシアのモスクワでは真っ先にマクドナルドが開店したが、ご存じのように中国とロシアは米国との敵対関係を深めている。将来的な戦争も否定できない。インドとパキスタンの紛争が良い例だが、実際にマクドナルドの店舗を有する国同士の紛争もたびたび起きてきた。英フィナンシャル・タイムズは、大国間競争が復活した今世紀においては「もはやM型アーチ理論は通用しない」と一蹴している。

たしかに、M型アーチ理論は万能ではないが、当事国同士におけるマクドナルドの存在は紛争（戦争）の可能性を大幅に低下させることは間違いないようだ。また、平和（関係の改善）の象徴であることも間違いない。そうであるがゆえに、関係改善の象徴としてのマクドナルドの平壌出店が期待されているのだ。当のマクドナルドは、「要請があれば積極的に検討する」という。

果たして、〝平壌にマクドナルドが開店する日〟はやってくるのだろうか。

ここであえて言う「北朝鮮投資は止めておけ⁉」

ここまで北朝鮮投資の熱がいかに高まっているかを伝えてきたが、ここで失礼を承知でこうアドバイスしたい――「仮に北朝鮮が何かしらの形で経済を対外開放したとしても、北朝鮮投資は止めておけ」と。

「ここまで言っておいて何なんだ！」と憤る方がほとんどだと思うが、どうか

〝手のひら返し〟を許していただきたい。ジム・ロジャーズのような冒険投資家にとって北朝鮮は大いに魅力的に映るだろうが、一方で北朝鮮投資はリスクの塊でしかないからだ。それは、中国とイランの現状を省みることで十分に理解できるだろう。

まず、北朝鮮の金正恩総書記が西側の資本主義を取り入れることは一〇〇％ない。北朝鮮が、あたかも資本主義を導入するかのように旗を振って海外から投資を募ったとしてもその主役は日米韓ではなく、あくまでも中国やロシアが主体となるはずだ。そして、北朝鮮はまず間違いなく中国型の経済成長（チャイナ・モデル）を志向するだろう。

なぜなら、経済成長こそが現行の絶対的指導（金一族）体制の存続を脅かす可能性があるからだ。ジョージ・ブッシュ（息子）政権で国家安全保障会議（NSC）のアジア部長を務めたビクター・チャ氏も「経済開放こそが金正恩体制にとって最大の脅威になる」（産経新聞二〇一八年六月七日付）と断じる。その理由は、経済開放を通じて国民の生活水準が向上すれば、民主化要求などによって金体制の求心力が脅かされる恐れが出るためだ。

この見方は重要だ。ご存じだろうが、経済成長によって国民の教育や所得水準が高まると、自ずと民主化要求が巻き起こり、独裁体制は駆逐されるという「民主化理論」が存在する。東欧や南欧、東アジアやラテン・アメリカなどはこの理論が当てはまるかのごとく次々に民主化が達成された。

金正恩総書記は、ある程度の経済成長は求心力を高めるために必要だと考えているに違いないが（だからこそ数多くの経済開発区を設けた）、それが行き過ぎれば逆効果になるということもちゃんと理解していることだろう。金正恩総書記の至上命題は現体制の維持であり、核の保有や経済成長はあくまでもそれを達成するための手段に過ぎない。その証拠に、前出のエコノミスト誌は平壌市民の生活が向上している反面、「全体主義の圧政が今まで以上に強化されている」（エコノミスト二〇一八年五月二六日号）と指摘している。

そこで北朝鮮が必要としているのが、チャイナ・モデルだ。主要国で唯一、中国だけが前述した民主化理論が当てはまっていない。それは、中国共産党が徹底的な圧政を敷いているからに外ならない。

中国は、体制の維持と経済の成長を同時に達成した稀有な国だ。だからこそ、北朝鮮に限らず多くの専制的な国家がチャイナ・モデルに教訓を見出そうとしている。

北朝鮮が真の意味で西側の資本主義を受け入れることなど、期待してはならない。良くても中国型の改革開放を取り入れるだけだ。その兆候は、すでに見て取れる。先ほど二〇一二年から平壌では建設ブームが巻き起こっていると解説したが、実はそのブームに加担にしているのが中国なのだ。

近年、中朝関係は「過去最悪」と形容されて報道されるケースが多かったが、恐らく彼らの絆はちょっとやそっとでは揺るがない。事実、二〇一八年に入って再び急接近した。中朝はお互いにお互いを必要としており、一時的に関係が悪化しても、すぐに修正できる柔軟性を持っている。そうした関係性は金日成と毛沢東の時代から変わっていない。中国は、北朝鮮への影響力を堅持し続けるために、資金や改革開放の制度面で大いに協力するだろう。

その結果、北朝鮮の経済政策は中国のそれと極めて近いものになるに違いない。これはすなわち、北朝鮮投資には中国投資と同様に常に接収リスク（日本企業の利益を恫喝的に奪おうとする）が伴うことを意味する。そして現在の中国と同じく、日本人がアクセスできる投資は、非常に限られた範囲に収まる可能性が高い。

ロシア出身の政治学者で北朝鮮の金日成総合大学に留学した経験を持つアンドレイ・ランコフ氏は、次のように北朝鮮の改革開放への期待を牽制している――「北朝鮮には外資を引き付ける能力はあるが、外資によるコントロールは許さないだろう。外国企業が過剰な利益を上げているとみれば、当局の取り分を大きくするだろう。現体制にとって国をオープンにするのは自殺行為だ。外国からの情報が流れ込み、政治による統制が緩みかねないからだ」（ブルームバーグ二〇一八年六月八日付）。

また、別のリスクもある。それは、仮に米朝の関係が改善して制裁が解かれたとしても、それがいつまた復活するかは余談を許さないということだ。それは、イランの例を見れば明白である。

ご存じのように、イランは二〇一六年に核開発を制限することで経済制裁を解除された。すると、世界中のグローバル企業が「乗り遅れるな！」とばかりに人口八〇〇〇万人を擁するイランに殺到。対外資本に沸いたイランはその後、数年にわたって記録的な高成長を実現した。

ところが、かねてから六ヵ国合意を「欠陥」だと指摘してきたドナルド・トランプ大統領が誕生すると、経済復興への機運は劇的に衰退。そして米国は二〇一八年五月に実際に六ヵ国合意から離脱し、晴れて経済制裁を復活させた。これにより、イラン経済だけでなくイランに進出していた欧州のグローバル企業も、相当な損失を計上することが確実視されている。

米国による六ヵ国合意破棄の影響は、経済的な損失に留まらず中東の地政学リスクを見事なまでに甦らせた。現在、イランとイスラエルは直接戦争の一歩手前に位置している。

同様の事態が、北朝鮮情勢でも再現される可能性は決して低くない。「乗り遅れるな！」と慌てて投資した矢先、突如として合意が反故になることも十二分に考えられる。その場合、「すわ、戦争か」という状況まで追い込まれても不思議ではない。

北朝鮮が核を完全に廃棄する可能性はゼロであり、仮に米朝が関係改善で合意したとしても、常に〝反故リスク〟を気にかける必要がある。むしろトランプ大統領が第二のネビル・チェンバレン（チェンバレン元英首相は一九三八年にヒトラーの要求に譲歩し、その宥和策が後の第二次世界大戦の原因となったと総括されている）にならないことを祈るばかりだ。

それでも北朝鮮に投資したい、という猛者もいるかもしれない。北朝鮮の将来に楽観的なジム・ロジャーズは、前出ブルームバーグで改めて強気の姿勢を強調している――「今の北朝鮮は一九八〇年代の中国のようなものだ。向こう二〇年、世界で最もエキサイティングな国になるだろう」（ブルームバーグ二〇一八年六月八日付）。

とはいえ、本章の冒頭で述べたように制裁に違反するのは厳禁だ。興味がある人は博打を覚悟で、〝北朝鮮関連〟に投資を検討すべきである。直接投資は難しいが、もし和平が本物になれば、日米韓の関連銘柄（株）を買うというのは大変面白い。考えようによっては、手はいくらでもある。

そのためにも、まずは情報収集である。これは、一種の巨大なゲームである。ある意味の連想ゲームかもしれない。

第二章 大和平か戦争か？

――気になる北朝鮮情勢を大予測

新たな未来の幕開け!?

二〇一八年六月一二日、歴史に新たな一ページが刻まれた。東西冷戦の終結からおよそ三〇年も経ったこの日、冷戦の残滓と言われてきた北朝鮮（東側体制）の金正恩委員長と、対する米国（西側体制）のドナルド・トランプ大統領が手を握ったのである。そう、両首脳は高らかに「（両国の）新たな未来の幕開け」を宣言したのであった。

ヘミングウェイと並び称される米国の小説家ウィリアム・フォークナーは「過去は決して死なない。過ぎ去ってもいない」という言葉を残したが、この言葉は現在の朝鮮半島を語るのにもっとも適している。

一九五〇年六月に始まった朝鮮戦争は、推定で三〇〇～五〇〇万人もの死傷者を出した末に一九五三年七月に停戦（休戦）に至った。もちろん、あくまでも〝休戦状態〟であり、厳密には南北は今も戦時下にある。そう、戦争の歴史は過ぎ去ってなどいない。

ご存じのように、第二次世界大戦後、朝鮮半島とドイツは米ソ対立の舞台として〝分断〟の歴史を歩んできた土地である。大戦末期、米ソは戦後の秩序における主導的な地位を確保しようと激しく対立。両国が追い込んだ結果、ナチス・ドイツは崩壊し、その後のドイツは、欧米を軸とした陣営が西側を、そして東側をソ連が統治することになり分断へと至った。一方、日本の敗戦（日本統治の終焉）を契機に米ソは朝鮮半島にも進出。北側にはソ連が、そして南側には米国が、それぞれのイデオロギーに忠実な傀儡《かいらい》政権を打ち立てたことで分断に至った。

東西ドイツと朝鮮半島のその後の歴史において、もっとも大きな差異は戦争の有無である。ドイツは幸いにも内戦を経験しなかったが、朝鮮半島は熾烈な内戦を経験している。この違いこそが、ドイツの統一、朝鮮半島の分断の継続という大きな差を生じさせた。

冷戦下の代表的な代理戦争の一つにベトナム戦争が挙げられるが、ベトナム戦争には明確な勝者が存在する。他方、朝鮮戦争に明確な勝者は存在しない。一時は米国（国連軍）が勝利すると思われたが、その勝利を目前にして中国人民義勇軍が参戦したため、三八度線をもって北と南の分断は継続された。それ以後、朝鮮半島のしこりは依然として取り除かれていない。これは、いまだに朝鮮半島で平和条約が結ばれていないことに起因している。

まさに〝最後の冷戦〟とも言える関係において米朝が握手をしたのだ。世界が注目しないわけがない。北朝鮮側の真相はともかくとして、両国は共に核保有国を自認しており、道を踏み外せば核戦争の可能性もあり得る。実際、二〇一七年には緊張が沸点に達する勢いであった。

核戦争という破局から遠ざかるため、世界中のありとあらゆる人が今回の首脳会談を歓迎したということは論を俟たない。さらに、投資家が最後のブルー・オーシャン（未開の地）だといきり立つのもなんとなく頷ける。

ただし、北朝鮮情勢は今回の首脳会談をもってしても完全な解決には程遠いと言わざるを得ない。過去の北朝鮮の振る舞いを見ても、真の意味で和平が訪れるかは決して予断を許さず、場合によっては第二次朝鮮戦争の勃発すらも危ぶまれる。そこで、本章では慎重に北朝鮮情勢の今後を予測していきたい。

北朝鮮情勢に「解」なし

結論から先に言うが、この先のシナリオとしてもっとも良くないのは「米国が北朝鮮の非核化なしに平和協定に署名する（してしまう）」事態だ。二〇一八年六月一二日の米朝首脳会談では、両者が「韓半島の完全なる非核化」で合意しており、ひとまずは最悪のシナリオが回避されたと言える。

とはいえ、この先どこかの時点で非核化が中途半端な状態であるにも関わらず、米国が平和協定にサインしてしまう懸念は拭えない。このことについては、後に詳しく述べたい。

まず誤解のないように先に断っておくが、米国を筆頭とした西側陣営と北朝鮮は共に平和協定（条約）の締結を強く望んでいる。このことに疑いの余地はない。しかし、そこに辿り着くにはある条件をクリアする必要がある。それは米国にとっては北朝鮮の非核化、北朝鮮にとっては絶対的な体制の保証だ。

それも米国側の望む非核化は、即時的な撤廃である。ニュースなどで目にした方も多いと思うが、いわゆる「完全かつ検証可能で不可逆的な非核化」（ＣＶＩＤ：Complete, Verifiable, and Irreversible Denuclearization）というものだ。ちなみに米国は核兵器だけでなく、生物・化学兵器を含めた大量破壊兵器や、その運搬手段である弾道ミサイルの破棄も求めている。

ところで方法論として考えた場合、実はＣＶＩＤに明確な定義はない。そこで意識されるのが、リビア・モデルと呼ばれる方法論である。リビアの旧ムアンマル・カダフィ政権は二〇〇三年、米ブッシュ政権（当時）と英国に大量破壊兵器計画を破棄する意思を伝達し、九ヵ月間の交渉を経た後、ＩＡＥＡ（国際原子力機関）の査察を受け入れることで合意。そして、二〇〇四年に米軍が核開発に必要な濃縮ウランや開発データなどをリビア国外へ持ち出した。その中には、生物・化学兵器と長距離ミサイルも含まれている。そして、その見返りとして米国は国交正常化と制裁解除に応じた。このリビア方式こそが、米国の目指すＣＶＩＤと考えてよい。

私たち日本人にとっても最善のシナリオは、単純に米国の要求に沿って北朝鮮が核を放棄することだ。北朝鮮がすんなりと受け入れて、このシナリオが実現すればまさに万々歳である。しかし、北朝鮮が平和協定の条件としてのＣＶＩＤ（リビア方式）を受け入れる見込みはまずない。北朝鮮は、対外的にも公式にリビア方式を受け入れないという方針を明確にしている。

そもそも米国は、北朝鮮の核開発の現状を正確に把握していない。元航空自衛隊空将の織田邦男氏が産経新聞で述べている通り「米国防情報局（ＤＩＡ）は北朝鮮の保有する核弾頭を最大六〇発と報告している。しかし、ほかの有力な機関やシンクタンクでは保有核弾頭を約二〇発とするなど分析はばらばらだ」（産経新聞二〇一八年六月一二日付）。ＣＶＩＤは〝言うは易くして行なうは難し〟で、北朝鮮に対して通用しない可能性は大きい。その場合、米国は自動的に段階的な非核化を目指すことになる。

対する北朝鮮にとっての最善シナリオは、核を温存したまま平和協定を結ぶことだ。ただし、米国の歴代政権が核保有を容認する姿勢を見せたことは、一度たりともない。そのため、北朝鮮はある妥協策を米国に提示している。

その妥協策とは、核開発放棄の条件として「完全かつ検証可能で不可逆的な体制保証」（CVIG：Complete, Verifiable, and Irreversible security Guarantee）を米国に認めさせることだ。このCVIGの定義も明確となっていないが、北朝鮮の過去の発言から、米朝の国交正常化、米朝不可侵条約の締結、在韓米軍の撤収（あるいは北朝鮮による査察）、韓国への核の傘の提供中止などが挙げられる。これらが検証可能な状態で保証されない限り、北朝鮮は核を手放さないとの立場だ。無論、かつて米国がこれに応じたことはない。

両者の主張が完全に相容れないことは一目瞭然であり、それゆえ米朝関係は長年にわたって平行線を辿ってきた。米国の歴代政権は非核化なき平和協定の締結はあり得ないとの立場で一貫しており、一方の北朝鮮は自衛の手段としての核保有を当然の権利だと主張している。核開発を志向するイランなども同様の主張を展開することが少なくないが、これは「なぜ、米国は核を保有しているのに我々はダメなのだ」といった理屈だ。それを一方的に放棄しろと言うのならＣＶＩＧ（体制保証）を実現させろ、というのが北朝鮮の言い分である。

両国にとっての最善シナリオが同時に実現することは、基本的に考えられない。だからこそ、米国は次のステップとして経済制裁とブラフ（威嚇。この場合は軍事オプションによる脅し）によって北朝鮮に譲歩を迫ってきた。米国は、経済制裁とブラフによってあわよくば金体制が崩壊することも望んでいた。

ところが、こうした米国の圧力に対し北朝鮮側も簡単には屈してはいない。中露といった友好国を巻き込んで、巧妙に米国の圧力を牽制し続けている。その中露は基本的に北朝鮮経済の破綻（による体制の崩壊）を望んでおらず、特に北朝鮮の対外貿易の九割を占める中国が同国を支援してきた。また、ロシアに代表される中国以外の友好国も様々な〝抜け道〟を用意しているとされる。制裁によって北朝鮮が音を上げてくれるシナリオが私たちにとって最善だが、あまり期待できないのが現状だ。

米国の北朝鮮に対する「軍事オプション」

米国もそれは理解しており、だからこそ軍事オプションを時折ちらつかせる。両国の軍事力を単純に比較した場合、言うまでもなく圧倒的に有利なのが米国だ。米国は、本気でやろうと思えば北朝鮮を即座に焦土化できる実力を有している。だからこそ、軍事オプションによるブラフは北朝鮮に対しそれなりの効力を発揮しており、今回（二〇一八年六月一二日）の米朝首脳会談はブラフと中国をも巻き込んだ制裁の強化がもたらした可能性が高い。

そもそも、米国や日本国内には米軍による武力行使（主戦論）を支持する声が一定数存在する。当然、どんな理由であれ多くの犠牲者を出す戦争はあってはならないことだ。しかし、軍事オプションによって北朝鮮の現体制が崩壊し、その後に民主的な体制が誕生するシナリオの方が日本を含めた西側陣営にとって好都合な側面があることも否めない。

不謹慎な話で恐縮だが、本書のテーマである将来的な北朝鮮投資を考慮する際も、北朝鮮の現体制が一掃された方が好都合である。前章で述べたように、現行の金正恩体制が残存する限りは、北朝鮮経済が真の意味で対外開放を迎える可能性は限りなく低い。そして次章で述べるが、現在の独裁体制下の北朝鮮との取引でもうけようとするならば、独裁者に絶対的に媚びることが必要不可欠なのだ。そんな国と、まともな取引などあり得ない。

しかし、軍事力で圧倒的優位に立つ米国にとっても、武力行使はハードルが非常に高いのが現状だ。それは、北朝鮮が米国の同盟国である韓国（そして日本）に報復する能力を有しているためである。

実際、今までに米軍は幾度も北朝鮮への軍事オプションを検討してきた。代表例が一九九四年のビル・クリントン政権（当時）が検討したものである。クリントン政権はシミュレーションによって北朝鮮北部の寧辺《ヨンビョン》にあるプルトニウムの再処理施設を破壊するのは容易だという結論に至り、一時は真剣に軍事オプションの行使を検討した。ところが、北朝鮮の報復によって同盟国である韓国に甚大な被害が出るとの試算がなされたのである。

当時の在韓米軍は、「最初の九〇日間で米軍の死傷者五万二〇〇〇人、韓国軍の死傷者四九万人、民間人を含めると死傷者一〇〇万人。南北ともに焦土化し、先の朝鮮戦争以上の被害が生じ、復旧には少なくとも三〇年間が必要で三〇〇〇億ドル以上の費用がかかる」と見積もった。これを聞いたクリントン大統領は、先制攻撃を断念する。

するとクリントン政権は一転して対話による核開発の凍結を目指すことにした。そして、ジミー・カーター元大統領を私人として北朝鮮に派遣し、一九九四年一〇月には「核開発を凍結する代わりに、米国が軽水炉を建設し、完成までその代替エネルギーとして年五〇万トンの重油を供給する」ということで米朝は合意する。しかし、北朝鮮は秘密裏に核開発を続行しており、後にこの合意は破綻した。また、二〇一七年の下半期にもおよそ二〇種類もの軍事オプションが検討されていたことが、コリア・ミッション・センター（KMC。CIA内部の北朝鮮担当組織）によって明らかにされている。それでも、軍事オプションは現実のものとなっていない。それほどハードルが高いのだ。

米国にとって軍事オプションの行使には、もう一つの大きな障害がある。それは中国（人民解放軍）が参戦する可能性があることだ。前述したように北朝鮮の最大の後ろ盾である中国は、その原因が経済制裁であろうと武力行使であろうと緩衝地帯である北朝鮮を失うことだけはなんとしても避けたい。米国側も中国との直接対峙だけは避けたいはずだ。だからこそ、中朝は血の友誼（中朝同盟）を持ち出すことで米国を牽制している。

ただし、米国にとってハードルが非常に高いということは「第二次朝鮮戦争が絶対に起こらない」ことを保証するものではない。第二次朝鮮戦争の可能性は低いものの決してゼロではなく、日本人は頭の片隅で覚悟しておくシナリオである。米国が「犠牲を覚悟してでも北朝鮮を止めなければならない」と真に認識した際は、軍事オプションを行使するだろう。米国とは、そういう国だ。

先の首脳会談で歩み寄った米朝が、再び決裂することも大いに考えられる。その場合は、一気に武力衝突へ発展しても不思議ではない。

さて、今まで見てきたように米朝関係は完全にこう着状態に陥っていた。両者の主張が完全に相容れないばかりか、周辺国の思惑といった変数も加わり、長年にわたって米朝関係はこう着状態から脱することができないでいたのだ。北朝鮮情勢に明確な〝解〟は、かつても今もないのだ。

妥協シナリオ（トランプ・モデル）で合意した米朝

北朝鮮情勢に明確な解がないということもあり、結論から言うと米朝が平和協定を結ぶには両者が妥協する以外に道はない。そして最近、いよいよ米朝はその次なるステップ（妥協シナリオ）に移行し始めている。

そもそも、多くの有識者がかねてからこう着状態に陥った米朝関係に対し、様々な妥協シナリオを提案してきた。たとえば、米外交問題評議会（ＣＦＲ）の名誉研究員であるオルトン・フライ氏は「中国が北朝鮮に核の傘を含む安全保障を提供することで、北朝鮮に核開発を放棄させる」ことを提示している。

フライ氏は、ニューズウィーク誌（二〇一七年一二月一二日号）で「米韓関係のように、中国が北朝鮮に軍隊の駐留という形で『再保証』を与えてはどうか」と指摘、その再保証（戦略的再保証）とは先の冷戦期に考案された概念であり、「かつて核兵器開発能力を持つ国に（それも今の北朝鮮よりもずっと高度な技術を持つドイツや日本、そして韓国に）核開発を断念させる上で有効だった方法である。つまりアメリカとの強固な軍事同盟の存在と、それを担保する米軍の現地駐留という方法」であると説明、その方法で北朝鮮に核開発の放棄を迫れと論じた。

これは一つの案としては面白いが、主体思想（チュチェ思想。強固な独立思想）を掲げる北朝鮮がこの妥協策に乗る保証はない。

この他にも、より現実的な妥協案として、「北朝鮮の核保有を認めることを米国が譲歩する代わりに、最低限、米国までの運搬手段である大陸間弾道ミサイル（ＩＣＢＭ）や潜水艦弾道ミサイル（ＳＬＢＭ）の開発を放棄させることを確約させる」という内容のものも提案されている。

米朝がこのような妥協点を探り、結果的に平和協定を結ぶというシナリオも考えられなくはない。ただし、このような手打ちはアメリカにとってはＯＫでも、日本を射程にとらえる一〇〇〇基を超えるミサイルはそのままというのは、日本にとっては最悪のシナリオだ。それは、なんとしても認められないだろう。そう考えると、この妥協案のハードルも決して低くない。

とはいえ、突き詰めると北朝鮮情勢を巡る今後のシナリオは〝武力衝突〟か〝妥協シナリオ〟のどちらかしかない。米軍の実力は唯一無二であり世界最強だが、それでも最近の疲弊ぶりを勘案すると、米朝は後者を選ぶのではないだろうか。韓国への報復リスクと中国人民解放軍の参戦シナリオを考慮すると、なおさらその可能性が高くなる。

では、もっとも実現性の高いシナリオは何か。それは、米側が目標としていたＣＶＩＤ（核を含む大量破壊兵器の即時撤廃）を後退させ、北朝鮮に段階的な非核化を迫るというものだ。

これに対し、北朝鮮は偽計を働く可能性がある。自衛権としての核の保有を絶対視する北朝鮮にとっては、それが即時であろうと段階的であろうと核の放棄という譲歩は容認できない。しかし、それでは事態が再度こう着してしまうので（その場合は痺れを切らした米国が武力行使に踏み切る可能性も否定できない）、北朝鮮は非核化を推進する〝フリ〟をするのである。

まず、米国によるＣＶＩＤの後退だが、これはそもそも前述したように北朝鮮にＣＶＩＤを適用しようとしても米国のインテリジェンス（諜報機関）が正確に核開発状況を把握していないのだから、査察すら覚束ない。だから、ドナルド・トランプ政権はＣＶＩＤが現実的でないと認識するに至ったようだ。

そこでトランプ政権が北朝鮮に提示したのが、〝トランプ・モデル〟だとされる。これは、「非核化の期限をトランプ大統領の任期（二〇二一年一月）までとする」「非核化のプロセスを二～三段階に分割する」「非核化が達成されるまでは経済制裁を維持」するという内容だ。達成した場合の見返りは、「北朝鮮への不可侵の確約」「平和協定の締結」「米朝国交正常化」である。ちなみに非核化プロセスの段階化は、その段階ごとに見返りを与えることではない。あくまでも見返りは〝完全な非核化が達成された後〟というのが米国の主張だ。

これは、北朝鮮からしても大幅な譲歩であるが、〝時間を稼げる〟という理由から北朝鮮も十分に呑める内容であり、実際に米朝はトランプ・モデルの促進で合意した模様だ。そしてこの先の展開は、米国のインテリジェンスと北朝鮮の偽計との一騎打ちとなる。

危惧される悪魔の取引《ディール》

交渉の進展をアピールしたいがゆえに、またノーベル平和賞が欲しいために、トランプはやってはならない取引に手を出すかもしれない。例えば北朝鮮は核兵器一〇基を引き渡し、長距離ミサイル二〇基を破壊して、『これで全部だ』と言うかもしれない。そして北朝鮮の保有する兵器はそれよりもはるかに多いと考える十分な根拠があるにもかかわらず、トランプはこの中途半端な非核化を『完全なる勝利』だと主張するかもしれないのだ。

『ロシアは二〇一六年の米大統領選に干渉などしていない』とウラジミール・プーチン大統領が言った時と同じように、トランプは北朝鮮の保有する兵器は情報機関の見立てより少ないという金の言葉を額面通りに受け取るかもしれない。そもそもトランプは情報機関のことを好いていない。（二〇一八年六月一一日付ニューズウィーク電子版）

核危機グループのディレクターであるジョン・ウルフソル氏は、「最悪の展開」と断った上でこのようなシナリオの可能性に言及したのである。

まさにあってはならないことだ。仮にトランプ政権が北朝鮮の偽計に惑わされれば、北朝鮮が手にするのは彼らがもっとも欲しがっていた「核を温存したままの平和協定の締結」である。

トランプ大統領が罠に引っかかるかどうかは別として、北朝鮮との対話の歴史を振り返ると、北朝鮮は間違いなく偽計によって核（核開発）を温存しつつ米国が平和協定にサインしてしまうよう謀略を張り巡らすはずだ。

北朝鮮は、一九九二年以降で四度も米国との核合意を反故にしている。その間、米国から一三億ドル相当の食糧と石油を手に入れた。過去四度の合意破綻は、米朝関係を過去の（悪い）状態に戻すだけであったが、仮に平和協定にサインしてしまった後に北朝鮮の偽計が発覚した場合は、制裁を復活させることや軍事オプションの行使を復活させることが容易ではない。協定が条約に格上げされたりしていれば、なおのことだ。米国は、一転して北朝鮮を核保有国と認めざるを得なくなることも考えられる。

どうかこのシナリオが実現しないことを祈りたい。米側の安心材料の一つは、かねてから北朝鮮に強硬な姿勢を貫いてきたジョン・ボルトン大統領補佐官（国家安全保障担当）の存在だ。ボルトン氏は「トランプ政権内には、いま起きている状況に浮かれている者はいない」（米ウォール・ストリート・ジャーナル二〇一八年六月九日付）と口にしており頼もしい限りだが、過去の傾向を見ると、トランプ大統領は自分の目的に合致しなくなったスタッフは容赦なく外す。

今後、トランプ政権はマイク・ポンペオ国務長官とボルトン氏が主体となって北朝鮮との間で「トランプ・モデル」の履行を推進していくとしているが、ボルトン氏が仮に外されるようなことがあれば要注意だ。その場合、自尊心の強いトランプ大統領が悪魔の取引に手を染める恐れも出てくる。歴代の大統領が成し遂げられなかった朝鮮戦争の平和協定締結が、過去の大統領を否定しがちなトランプ大統領にとって魅力的に映っていることは間違いない。

また、「トランプ・モデル」は非核化が達成されるまで経済制裁を緩めないとしているが、北朝鮮の偽計（非核化ショー）を見せつけられたトランプ大統領が段階的に見返りを与えてしまう恐れもある。

こうなると他国をも巻き込んだ制裁がより骨抜きとなり、北朝鮮は核を温存したまま経済の発展に注力することになりかねない。この点について、ポンペオ国務長官が「北朝鮮が完全に非核化したことが示される時が来るまで制裁は緩和できない」（二〇一八年六月一四日付ブルームバーグ）と釘を刺しているが、どうなることか。

実際、トランプ大統領は実質的に何も非核化が進展していない段階で見返りを与えてしまっている。これは安全保障の分野ではあるが、トランプ大統領は米朝首脳会談の後すぐに米韓軍事合同演習（二〇一八年八月のウルチ・フリーダムガーディアン）の中止という大きなプレゼントを北朝鮮へ与えた。こうした前のめりの姿勢は、とても気がかりである。

米朝の和平は一見すると、北朝鮮投資への扉を開くかのように思えるかもしれないが、それはあくまでも完全なる非核化（他の大量破壊兵器も含む）と日本人拉致を中心とした人権問題が解決された場合だ。それらを温存したままであれば、仮に北朝鮮が部分的に経済を対外開放したとしても同国は投資対象とはなり得ない。核を持った北朝鮮であるならば、日本企業の利益を恫喝的に接収することも考えられる。

私たちは、慎重かつ冷静に北朝鮮状況の推移を見守ると共に、他の国とは違う日本国特有の北朝鮮とのしがらみや関係性を勘案しながら、独自の投資戦略を練る必要がありそうだ。

第三章　北朝鮮を理解するための経済基本データ

そもそも北朝鮮の経済規模ってどれくらい？

たらふく美味いものを食ってでっぷり太った若き将軍様とその下で飢餓に苦しむ多くの国民——北朝鮮の経済というと、読者の多くはそういうイメージを持つことであろう。それは決して誤ったイメージではないが、しかし実は〝目からウロコ〟の「えっ、そうだったの！」というような話もある。本章では、経済面から見た北朝鮮の実相をお伝えして行きたい。

まずは外務省のホームページ、並びに中央日報の記事から「北朝鮮基礎データ」を見てみよう。「経済規模（名目GNI〈国民総所得〉）過去五年間の推移」が載っているが、〝韓国銀行推計〟と書かれている。韓国銀行とは、日本銀行と同様の韓国の中央銀行であるが、北朝鮮自体は経済データを公表していないからお隣韓国の中央銀行が推計するしかないのだ。かつては積極的に経済統計を発表していたが、一九八〇年代あたりから次第に公表しなくなり、近年は「米国との対立関係にあるため、国の実態がわかる統計を対外的に発表することはできない」（朝鮮社会科学院経済研究所〈東洋経済二〇一五年一二月一六日付〉）として発表していない。およそ自由民主主義国家ではあり得ないことが、北朝鮮では簡単に行なわれる。

推計数字を見てみると、八一ページの図のような推移になっている。

直近の二〇一六年のデータを見て、三六・四兆韓国ウォンというのは日本円だとどれくらいになるのだろうか？　韓国ウォンの為替レートは、一韓国ウォンが大体〇・〇〇一米ドルだ。逆に言えば一〇〇〇韓国ウォンで一米ドル。日本円は大体一米ドル＝一〇〇円くらいで二桁違ってくるが、韓国ウォンは三桁違ってくるのだ。これで米ドル換算すると、三六・四兆韓国ウォンは三六四億ドル。これを一米ドル＝一〇〇円で日本円換算すると、三兆六四〇〇億円。一〇〇円換算なら四兆〇〇四〇億円だ。いずれにしても、北朝鮮の名目ＧＮＩ（国民総所得）は約四兆円くらいととらえておけばいいだろう。

日本の県民所得でこれくらいの水準の県はたくさんある。岩手県・富山県・

石川県・奈良県・愛媛県といったあたりだ。こうして見ると、「なんだ、日本の地方と同じレベルなんだ。北朝鮮ってそんなに貧しくはないじゃないか」と思われたかもしれない。しかし、人口が違う。今、取り上げた県の人口はいずれも一〇〇万人を少し超えるくらいだ（一〇〇万人台～一三〇万人台）が、北朝鮮の人口は二五〇〇万人を超える。同じ所得で約二〇倍の人口を養わなくてはならないのだから、やはり多くの国民は困窮していると考えざるを得ない。

約三〇〇万人が餓死した「苦難の行軍」

一九四五年八月一五日、敗戦により日本の朝鮮半島統治が終焉を迎えた。それにより北朝鮮が社会主義国として独立・スタートしたかというと、そうではない。当時まだ、金日成にそんな力はない。始まったのは、終戦間際に参戦し八月九日に北朝鮮に侵入したソ連軍による占領行政であった。

一九四六年二月、金日成らは形式的には北朝鮮臨時人民委員会を創り、諸々

韓国と北朝鮮の経済規模（名目GNI）

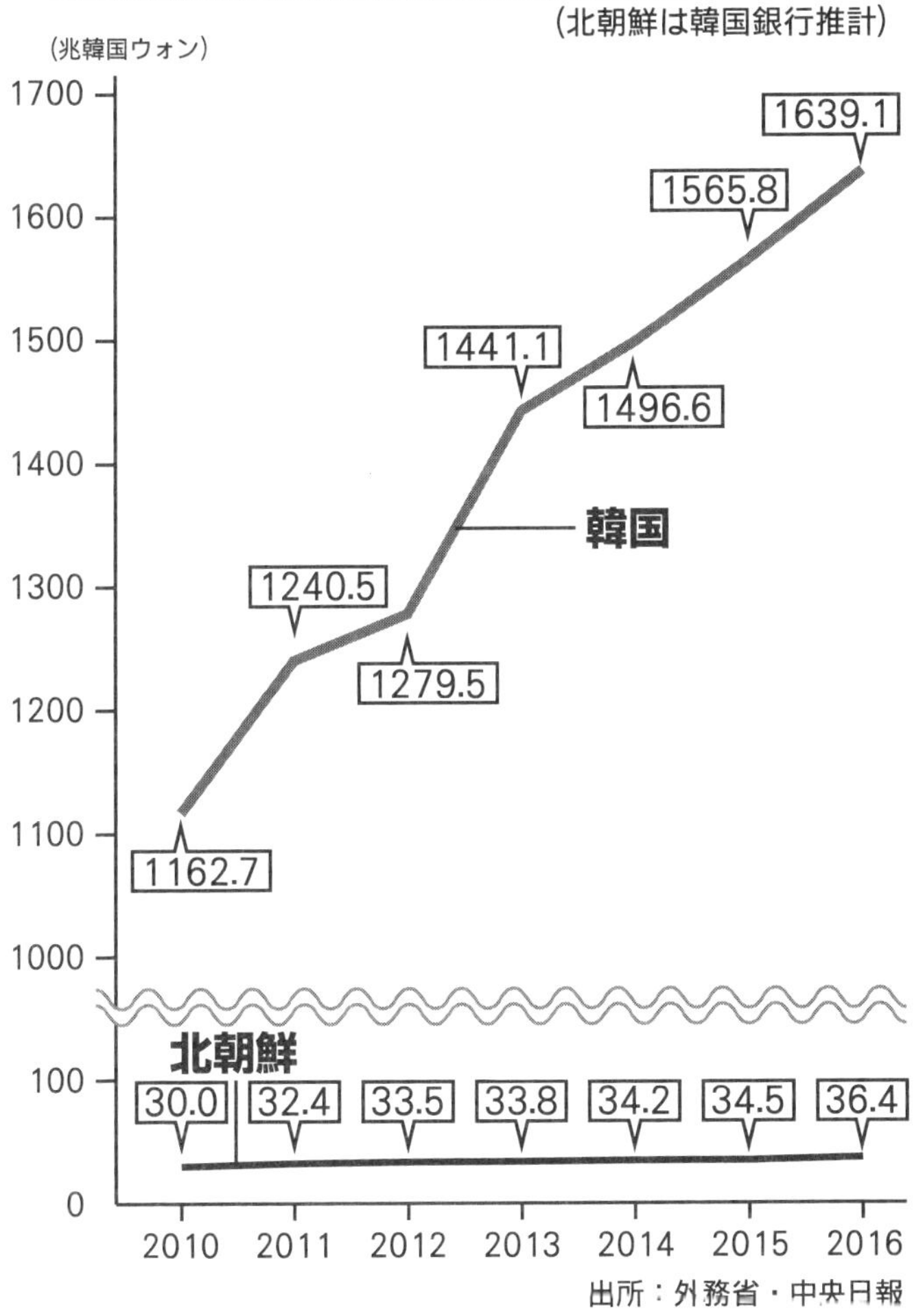

の政策を発表したが、すべての重要な決定はモスクワのスターリンの指示に基づいてソ連軍司令部が行なった。ソ連軍による占領行政は、苛烈を極めた。一九四六年三月五日、「土地改革にかんする法令」が出された。目的は、日本国・日本人・朝鮮人地主が所有するあらゆる財産を没収すること。これは暴力をもってすさまじいスピードで行なわれ、なんとわずか二〇日間、同年三月末までに完了させたのだという。想像できるだろうか。わずか二〇日間ですべての財産を没収したのである。

この国家による財産の収奪――これは社会主義国家・北朝鮮の経済には付物である。それは、終戦直後だけの話ではない。今世紀、二一世紀に入っても行なわれているのだ。そのやり方は、インフレ・デノミ・紙くず化・預金の収奪と、まさに私が常々指摘している暴力装置としての国家そのものであった。

外務省のホームページにおける北朝鮮経済の説明は、次の（一）（二）から始まっている。

（一）二〇〇二年七月、経済管理改善措置が実施され、闇価格もふまえつつ、公定価格や給料を引き上げ（数十倍）、為替レートの現実化等を実施。生産活動においては、利潤の追求、インセンティブの付与等も実施。しかし、慢性的なモノ不足により、物資を十分に供給できなかったため、二〇〇三年、公の管理下に総合市場を開設。個人や企業が農産品や消費財を販売するようになった。

（二）二〇〇九年一一月、北朝鮮当局は、新旧通貨の比率が一：一〇〇（新一ウォンが旧一〇〇ウォンと等価）となるデノミネーション（北朝鮮では「貨幣改革」と呼称）を実施。しかし、北朝鮮内部でモノ不足や物価の急激な上昇等により混乱が発生。（外務省ホームページ）

（二）のデノミ説明における表現はさすがに外務省らしく、「混乱が発生」と穏当に書かれているが、実際には先に述べたように「紙くず化・預金の収奪」により大混乱が生起したのだ。

そこにまで至るには、前史がある。（一）の経済管理改善措置に先立つ一九九〇年代、北朝鮮経済はソ連崩壊・社会主義経済圏崩壊により深刻なダメージを受けていた。特別に安価に供給されていたソ連の原油がほぼ供給停止になるなど、それまで貿易額の半分以上を占めていた対ソ連貿易は激減。東欧諸国からの援助も途絶えた。韓国銀行の推定によれば、北朝鮮の経済成長率は、九〇年マイナス三・七%、九一年マイナス三・五%、九二年マイナス六・〇%、九三年マイナス四・二%、九四年マイナス二・一%とマイナスが続いた。

さらに〝弱り目に祟り目〟、九五年七月から八月にかけては豪雨が北朝鮮を襲い、食糧生産に甚大な被害を与えた。朝鮮赤十字会は同年九月四日に国際赤十字への報告で、水害を受けた穀物総量は年間穀物生産の三割の一九〇万トンに達すると明らかにした。三割である。九六年には食糧配給がほぼ止まり、北朝鮮の多くの人々の生活を支えていた配給制度が崩壊。少ない食糧を分配する能力を失った北朝鮮当局の無策により飢餓は拡大していった。

この一九九〇年代は「苦難の行軍」と言われているが、黄長燁《ファン・ジャンヨプ》元党書記はこの時期に約三〇〇万人が餓死したと証言している。

米一キロを八〇銭で買って八銭で売る政策

マイナス成長はさらに続いた。九五年マイナス四・一％、九六年マイナス三・六％、九七年マイナス六・三％、九八年マイナス一・一％……。九年間にわたってマイナスを続けた北朝鮮経済がようやく立ち直りを見せたのは一九九九年であった。この年、経済成長率はプラス六・二％を記録し、二〇〇〇年一〇月一〇日の朝鮮労働党創建五十五周年では、長く続いた「苦難の行軍」の終了を宣言した。

そして二〇〇一年一月、金正日総書記は中国を非公式に訪問し、その経済発展に目を見張った。金総書記の上海訪問は一九八三年六月以来と見られるが、「改革・開放」の先進地である上海を見て金総書記は「世界が驚きの目で見ている上海には天地開闢《かいびゃく》がもたらされた」と称賛した。

そして二〇〇二年七月の経済管理改善措置、いわゆる「七・一経済改革」に至るのである。

「七・一経済改革」は先に外務省ホームページからの引用で述べたように、公定価格や給料を引き上げ、市場を開設し、企業活動にインセンティブを付与するものであった。この文字だけ読めばなんてことない政策のようだが、実態はそうではない。二〇〇二年七月一日から、平壌市内の地下鉄やバスの料金は二〇倍に引き上げられ、また賃金も十数倍に引き上げられた。米の価格は、従来国が一キロ＝八〇銭（「チョン」と読む。一ウォン＝一〇〇銭）で農民から買い上げ、国民に一キロ＝八銭で売っていたが、七・一改革以降は国が一キロ＝四〇ウォンで買い上げ、四四ウォンで売却した――この経済政策の意味がおわかりだろうか？　およそ私たち自由な資本主義経済の下に生きている者からすれば、想像することすら困難な政策の変更、それもいきなりの実施である。この先に進む前に、少しだけ説明を加えておこう。

「苦難の行軍」の時期には、当然ヤミ市場で物価が暴騰した。米で言えば、上述の通り一キロ＝八銭が公定価格であったのだが、ヤミ市場では四〇〜五〇ウォンと、公定価格の実に約五〇〇〜六〇〇倍で売買されていたのだ。改革は、ヤミ価格に公定価格を合わせたとも言える。

ただ、それればかりではない。そもそも農民から米一キロを八〇銭で買い、国民（労働者）に一キロ＝八銭で売るという私たちからすると理解しがたいこの公定価格。これは五〇年前の建国当初に設定したものであった。このあまりにも極端な政策は、建国当時は農民が国民の七割を占めていたからなんとか成り立った。しかし、農民ではない労働者が増えるにつれて、この逆ザヤを国が負担するという財政は、到底耐え切れないレベルに達していた。そんなことはすぐにわかりそうなものだが、硬直した社会主義国家・北朝鮮では、それに気付き改めるのに五〇年かかったのだ。

では、その他の公定価格の引き上げや賃金引き上げはどういう理由によるのだろうか？　それは原則的に、この食糧価格の上昇に比例しているのである。価格体系は、改革により食糧価格を基準としたものとなった。たとえば賃金であるが、一般労働者一人当たりの生活費＝賃金は二〇〇〇ウォンとされた。これは平均的な世帯、すなわち共働きで二人の子供を持つ四人世帯が食うに事欠かず、衣食住の基本的問題を解決できるという計算からきている。三〇〇万人が餓死したと言われるくらいの状況であったのだから、まず食えるようにということだったのであろう。

この公定価格・公定給料の話に比べると、市場開設の意味はわかりやすい。「苦難の行軍」時代に国の配給制度が崩壊し、食糧を各個人が確保しなければならない現実が生まれた。市場の開設は、その現実を追認することであった。従来「チャンダマン」と呼ばれてきた農民市場が公認され、各地で市場が盛んになった。平壌では二〇〇三年一〇月に「総合市場」が営業を始め、これが全国に拡散した。「総合市場」とは、食料品からほとんどの日用品までが揃う市場で、公設市場の性格を帯びていた。

企業に対しては、まず「稼ぎ高」という指標が新たに導入された。改革以前は、国からの指令に基づきたとえば石炭を何万トンとか繊維製品を何着生産するという感じであったのが、稼ぎ高指標では実際の販売によって得られた収入によって評価されるようになった。つまり、生産されても売れなければ評価されなくなったのである。また、従来は企業の経営が悪化しても賃金は保障され、また赤字も国家からの補助によって補填されていたが、改革により企業の経営赤字に対する補償金制度は撤廃された（これらは私たちからするとあまりにも当たり前であって、今世紀に入ってもまだこのような原理主義的「社会主義」のやり方が行なわれていたことには驚かされてしまう）。さらに二〇〇四年からは「新経済管理体系」が実施され、企業の生産額の一定部分を企業経営資金として残すことを認め、企業の裁量権を認定した。これは大きかった。この流れに敏感に対応した企業家の中からは、金持ちが生まれていった。

こういった市場開設や企業家のインセンティブは、私たちの感覚からすれば普通といえば普通である。しかし、そこは閉ざされた社会主義国家・北朝鮮である。そもそも壊滅的な経済破綻の結果、農業も鉱工業も生産力が著しく低下している状況下では、労働者の働く場所と生産物自体が絶対的に不足しており、公定価格と賃金の切り上げや成果主義の導入も効果は薄かった。経済の活性化は思ったようには進展せず、その一方でインフレは進み貧富の格差は拡大した。

そこで、北朝鮮は次第に旧来の社会主義統制路線に逆戻りし始める。二〇〇五年一〇月、食糧の販売を国が指定する商店や配給所だけにする「食糧専売制」を実施。これは、実質的に配給制を復活させようというもので、市場の機能を抑制しようとする措置の第一歩であった。二〇〇七年には市場に出入りする女性の年齢を四五歳以上に制限したり、取り扱う商品も限定した。二〇〇九年六月には、売り場数だけで五〇〇〇を超えるという北朝鮮最大の卸売市場であった平安南道の平城市場を閉鎖した。

こうして、再び市場化から社会主義路線に転換したその一つの終着点がデノミと通貨交換——言わば北朝鮮版「新円切り換え」である。

繰り返される「貨幣改革」による国民資産収奪

二〇〇九年一一月三〇日、内閣決定第四二三号「経済管理体系と市場秩序を正しくするために」が発表され、これに基づいてデノミと通貨交換が断行された。そのやり方がすさまじい。デノミと通貨交換の概要は以下の通りである。

①旧貨幣を一一月三〇日から一二月六日までの一週間で新貨幣と交換する。
②交換比率は一〇〇対一で、デノミを実施する。
③交換できなかった旧貨幣や海外へ流出した旧貨幣は無効とする。
④貯金をする場合は交換比率を一〇対一と優遇する。
⑤物価の水準を二〇〇二年七月の経済改革の時点の水準に戻す。
⑥商店、食堂などでの外貨の使用を禁じる。

普通デノミは、激しいインフレにより通貨金額の桁数表示が大きくなると経済活動に支障を来すので、その解決のために行なわれる。二〇〇九年の北朝鮮でのデノミも、もちろんそういう側面もある。しかし、それは表向きの目的でしかなかった。

二〇〇九年の北朝鮮デノミ・通貨交換においては、一世帯あたり一〇万ウォン（非公式レートで約三〇〇〇円）の上限額が設けられ、それを超える貨幣は「紙くず」と化した。当然、市民の間では激しい不満が噴出。韓国の非政府組織（NGO）によれば、市場に集まった住民が公然と政府批判を口にするなど激しく反発し、そのため当局がさらに一人当たり五万ウォンずつの交換を認めたという。この情報も定かではないが、とにかくそれくらい混乱を極めた。

銀行預金の交換比率が現金より一〇倍も高い一〇対一とされたのはなぜか？当然、銀行に預けさせようという意図である。なぜ銀行に預けさせるのか。共同通信ソウル支局長などを歴任した平井久志氏はこう述べる。「これで新富裕層の持つ限度額を超えた資産を預金の形で国家が収奪し、国家財政を再建する狙いもあったとみられる」。交換比率をエサにおびき寄せて預金させ、それを国家が収奪する狙いだというのである。

そもそも、北朝鮮では銀行に預金すると引き出しが自由にできないことが多く、現金や外貨で保有する住民が圧倒的に多かった。そうした「タンス預金」をしていた新富裕層は大打撃を受けた。二〇〇二年の経済改革から創意工夫し苦心して貯めたお金が、一瞬にして紙くずになってしまったのである。

財産がパーになっただけではない。日常生活にも深刻な影響が出た。北朝鮮当局は、二〇〇九年一一月三〇日から一二月三日まで全国の商店を閉鎖、四日から営業を行なうとしたが、実際には商品の価格が決まらず、国営商店はその後も営業できず、店を開いても商品を売らないという現象が発生した。

もっとも困ったのは、病人を抱えた家であった。薬屋が店を閉じたために薬を入手することもできなかった。このため、二〇〇九年一二月の死亡率は急上昇したという。死者が出た場合も葬儀に必要な物品を購入できず、葬式すらできないという状況まで生起した。

大混乱は続いた。人口五〇万を超える北東部の中心都市・清津では、米一キロが二〇〇九年一二月二〇日には五〇ウォンであった。それが二〇一〇年一月六日には三倍の一五〇ウォンにまで上昇。その後、当局の取り締まりで一時的に六〇ウォンにまで下がったものの、二〇日には二八〇ウォン、二一日には三〇〇ウォン、そして二二日には五〇〇ウォンに達した。

物価があまりに不安定なために商人たちは品物の販売を中断し、物価が落ち着くのを待つに至った。また、激しいインフレが起きているのに、農民が農作物を安い配給制度に拠出するはずもない。その上、外貨の保有や使用を禁止したため、ドルや人民元で決済する中国商人たちは北朝鮮との取引を控え、中朝貿易を介した食糧の流入も激減した。北朝鮮の一般国民は、食糧や日用品の入手すらできない状況に陥った。

こうして、デノミ・通貨交換は大失策に終わり、さすがの北朝鮮当局もわずか二ヵ月後にはその誤りを認めざるを得なくなった。この計画経済の司令塔であった朴南基《パク・ナムギ》党計画財政部長は更迭、一〇年三月一二日に公開銃殺されたという報道もある。

ちなみに、北朝鮮は一九九二年にも「貨幣改革」を行なっているが、これまた「改革」の名の下で国家が国民の資産を収奪するためのものであった。新貨幣の交換限度額は一世帯当たり三九九ウォンで、残りのお金は預金をするというものであったが、預金できるのは三万ウォンまでそれ以上は「不正蓄財」とされた。しかも、預金したお金は一定期間引き出せなかった。

金正恩は経済改革を進めている？

北朝鮮の経済は、このようにとても私たちからは理解できないメチャクチャな政策が繰り返されてきたが、では三代目の金正恩体制になってからはどうなのであろうか？　北朝鮮情報専門サイト「デイリーＮＫジャパン」編集長である高英起《コウ・ヨンギ》氏は、直近の北朝鮮経済に関して、対照的な二つの見方を述べている。

一つ目は、二〇一八年二月九日付「ニューズウィーク日本版」でのインタビューだ。このインタビュー記事の見出しは「経済は『高成長』中？　北朝鮮市民、制裁下の意外な暮らしぶり」。インタビューはまず北朝鮮の食糧事情から始まっているが、それに対し高氏はこのように答えている。

かなりよくなっており、それは米価格が安定していることで分かる。毎年の収穫ができている上にインセンティブ制度が取り入れられているので、ある程度作ればあとは自分たちが好きに（販売）できる。その仕組みが奏功している。金正恩（キム・ジョンウン）時代の経済政策はある程度うまくいっていて、それは認めざるを得ない。市場で自由に売買させているのだが、認めるというか黙認している。もちろん、当局が管理料を召し上げているが、それも相当な金額だろう。

（ニューズウィーク日本版二〇一八年二月九日付）

意外に思われる読者も多いだろうが、金正恩の経済改革はある程度成果を上げているというのだ。

ちなみに、デイリーＮＫは、韓国の市民団体である北朝鮮民主化ネットワークが発行するインターネット新聞であり、全米民主主義基金（ＮＥＤ）からも多額な資金が提供されている。決して北朝鮮寄りのメディアではない。

次にインタビュアーは、「なぜ北朝鮮政府は商取引を『放任』し始めたのか」と問うた。それに対する高氏の答えは次のように明言している。

結局、党の人間は経済のことなど分からない。実際、〇九年にデノミを行って大失敗し、責任者が処刑された。北の当局にとって大きなショックだったが、デノミの失敗は事実上、北の敗北宣言だ。つまり、もう資本主義経済には敵わないという『降参』。その後、経済は管理するよりも自由にやらせて、そこからのアガリを取る方が得だとの考えに変わりつつあると思う。正恩の父親の正日（ジョンイル）は、基本的に遮断された空間での資本主義や市場経済を目指し、締め付ける考えだった。それが失敗して、現政権は今の方式に変えた。（同前）

金正恩は、閉ざされた社会主義経済運営からの転換を図っているというのだ。そして、その成果は平壌だけでなく地方でも表れていて、地方に暮らす人の服装が格段に綺麗かつカラフルになっているという。

さらに、二〇〇九年には使用を禁じられた外貨だが、今はどうかというと人民元や米ドルが普通に何の抵抗もなく使われていて、逆に平壌で外国人が北朝鮮ウォンを使おうとしたら嫌がられたという話もあるとのことだ。

実は、北朝鮮経済は、金正恩による改革が進んでいるようなのだ。では、経済制裁の影響はどうなのか？　経済制裁に堪えかねて、北朝鮮は強硬な外交姿勢を対話路線に転ぜざるを得なくなったのではないのか？　これに対し、高氏は二〇一八年三月一日付「Ｙａｈｏｏ！ニュース」で記事を書いている。この記事は、まず冒頭、韓国の政府系シンクタンク・韓国開発研究院（ＫＤＩ）が二〇一八年二月二八日に発表した報告書から始まっている。

経済制裁が量産する、北朝鮮「巨大風俗街」の悲劇

国際社会による経済制裁の影響で、北朝鮮経済が委縮する可能性が高まっている。（中略）
二〇一八年には生産と貿易、消費などがさらに停滞する可能性がある。場合によっては市場活動といった非公式な経済部門までが停滞し、住民の厚生が大きく後退する可能性がある。
（「Ｙａｈｏｏ！ニュース二〇一八年三月一日付）

やはり、経済制裁は効いているのだ。それも相当に。だから、金正恩は信じられないような方針転換を行なったのだと言えよう。
ところで、記事見出しの後半「北朝鮮『巨大風俗街』の悲劇」とはどういうことか？　高氏によれば、「苦難の行軍」の時代には多くの北朝鮮女性が生き延びるために売春に走らざるを得なかった。今の食糧事情はもちろんそれほどひどくはないが、それでも一部ではすでに餓死者が出ているとの情報もある。売春は今も定着し、中国との国境都市である新義州《シニジュ》には、客を引く女性が二〇〇

〜三〇〇人もいる巨大風俗街が出現しているという。そして、そうした女性の多くは、まん延する覚せい剤に毒されて悲惨な末路を辿る……。

こういう記事を読むと、本当に早く北朝鮮が国策を抜本的に変えて、「人道」に目覚めて欲しいと改めて願わずにはいられない。

資源の宝庫・北朝鮮

金正恩の経済改革が一定の成果を上げているようだが、それでもお隣韓国との経済格差は今も歴然としている。韓国統計庁によれば、二〇一六年の一人当たり国民総所得（ＧＮＩ）は、韓国が約三三六万円であるのに対し、北朝鮮は約一五万と、実に二二倍以上もの格差がある。しかし、だからこそものすごい伸びしろがあるとも言える。第一章でも述べたが、韓国のシンクタンク「対外経済政策研究院」の二〇一四年の調査によれば、もし南北統一となれば、北朝鮮のＧＤＰ成長率は年平均で一六％も上昇するという。

中でも注目は、豊富な地下資源の開発だ。開発可能な北朝鮮の鉱物資源は約二億トン、約三〇〇〇兆円規模と推定する韓国側の調査もある。そのため、もし南北統一などということになれば、最大のビジネスチャンスは鉱業分野にあるとの展望が韓国では支配的だ。韓国エネルギー経済研究院によれば、北朝鮮にはタングステンやモリブデン、重晶石、マグネサイトなどが豊富にある。また、鉄鉱石や石炭の産出量も多く、世界上位クラスの埋蔵量を誇るものも少なくない。北朝鮮は日本と近いため、もし日本が開発に携われれば日本にとってのメリットも極めて大きい。

それに、戦前の日本統治時代は、日本が鉱山開発を進め製鉄所や精錬所を置くなど、地下資源開発に莫大な投資をした歴史がある。北朝鮮で現在稼働中の鉱山や製鉄所は、日本統治時代に開発されたところがほとんどであり、当時の朝鮮総督府による調査資料が現在でも有効と多くの専門家が指摘している。今日ではほとんど知られていないが、日本が統治していた戦前は、今の韓国＝南朝鮮より北朝鮮の方が鉱工業が発達していたのだ。

金完燮《キム・ワンソプ》氏は、歴史学者ブルース・カミングスの論文を引きながら、著書『親日派のための弁明』の中で次のように述べている。

一九三〇年代から朝鮮半島に入った興南《フンナム》（咸鏡南道《ハムギョンナムド》）の窒素肥料工場、水豊《スプン》（平安北道《ピョンアンプットト》）の水力発電所、鎮南浦《チンナムポ》（平安南道《ピョンアンナムド》）の工業団地などは当時の基準からみて最先端の重化学産業の施設だったというだけでなく、世界的にも最高水準の施設であった。

（金完燮《キム・ワンソプ》著『親日派のための弁明』草思社刊）

ここで挙げられている三都市は、いずれも現在の北朝鮮の都市である。韓国ではない。水豊の水力発電所の発電規模は当時世界最大級であった。今では信じがたいことだが、北朝鮮では世界トップクラスの鉱工業が行なわれていた実績があるのだ。そしてそれが可能だったのは、繰り返しになるが豊富な鉱物資源があったからこそなのである。

当時の日本統治下の朝鮮の状況がわかる一級資料に、植民政策学、植民地統治研究を専門としたイギリスの学者、アレン・アイルランドによる『THE NEW KOREA』（一九二六年発刊）がある。アイルランドはシカゴ大学から派遣された専門家として、他の欧米による植民地政策との比較や地政学を用いて、第三者的な立場で日本の朝鮮統治を評価している。

その中から、「鉱業」に関して述べている一部を引用しよう。歴史に関する記述は朝鮮銀行調査部部長編纂による『The Economic History of Chosen』の内容要約とのことであるが、全体を通じてかなり詳細に当時の日本による朝鮮鉱業政策がわかる記述になっている。

鉱業の歴史

朝鮮は貴金属類を始め鉱物資源に恵まれている。代表的なものとして、金、銀、銅、鉛、亜鉛、タングステン、モリブデン、鉄、グラファイト、石炭、高陵石、ケイ砂などである。（中略）

大韓帝国の鉱業行政は極めて悪質で、賄賂、縁故主義が横行し腐敗しきっており、裁判所や政府と権限が重複していた。許可された採掘権が理由なく補償金なしで取り消されたり、新しい採掘者に気まぐれに与えられてしまうこともあった。鉱業に関する税は、政府の複数の役所に納税するだけでなく、朝鮮王室にも納税し、それだけで二度にわたって徴税されることも頻繁に起った。その一方で地方当局が独断で使用料も課していた。この様な状況では鉱業の健全な発展は望むべくもなかった。

一九〇五年、大韓帝国が日本の保護国になると、権力の濫用を阻止すべく新しい法律を制定、翌年には施行され改革へと歩を進めた。しかしこれらの法律は緊急の事態に応えるために制定されたものであったために改善の余地が残り、鉱業規制法は一九一五年に最終案が制定公布されるまで幾度か修正されてきた。（中略）

朝鮮内の鉱業分野に対し、国営の石炭鉱・鉄鉱は別として、日本はさほど重要視していなかったが、併合後の一九一一年より日本の主要会社が参入し、それ以後参入する会社が続いた。彼らの関心も、主に石炭、鉄に対するものであった。

鉱業の現状

時代に即した鉱業行政の実施のため、また鉱山経営者への利便性を計るためにも鉱床に関する充分な資料が必要となり、一九一一年度より六年計画で調査を始めた。調査は南部地域を残して予定通り終了し、残った調査も引き続き行われ、翌年度には終了した。各地の鉱床に関する調査であったため、この報告書は出版され朝鮮鉱業の発展に大いに寄与した。

鉱山資源に関する調査が終了した一九一八年度、その調査責任者は新設された地勢調査研究室に配属されたが、その研究所は土壌、鉱物、水資源の活用、土木に関する調査および地図作成を担うことになる。この新たな仕事の完了には三〇年要すると推定され、一九二〇年度に職員が増員され、一五年度以内に調査研究を終了する予定である。

戦後（第一次世界大戦後）の経済不況は朝鮮鉱業に深刻な影響をもたらしたが、総督府はこの事態の改善にすでに対策を講じ、採掘技術および冶金技術の改善を奨励し、鉱業権の新設への減税を計った。

この数年鉱業製品は年々増加し、一九二五年には総額一九〇〇万円にも達した。安価な鉱物資源と労働力に加え金などの市場価格の高騰によるものであり、特に金鉱採掘は近年活発になっている。炭鉱も好調であり、最新の調査結果により、良質な石炭が相当量埋蔵されていることが確認された。また石炭の有効利用に関する実験によって人々の暮らしに様々な形で石炭が利用されるようになってきたため、国内の炭鉱事業は飛躍的発展を遂げるものと思われる。

また最近江原道で発掘されたバライト鉱脈は、世界有数の鉱脈であると思われる。

一九一〇年に国内で産出された鉱物資源の総額は六〇〇万円であっ

たが、一九一八年には最高値の三一〇〇万円に達した。これは先のヨーロッパ大戦（第一次世界大戦）による差し迫った需要と価格高騰によるものであった。一九二一年価格は一五五〇万円まで下落したが、これは一九一〇年以降の産業の正常な成長を反映した数値である。

（アレン・アイルランド著『THE NEW KOREA』　桜の花出版刊）

いかがだったであろう。日本統治時代、相当きちんとした鉱業政策を行なっていたことが伝わったことと思う。「日本統治時代の調査資料が、現在でも有効と多くの専門家が指摘している」ということも、実感していただけたのではないだろうか。

さて、今述べてきたことは一般的には知られていないが、当然、日本の鉱業・金属・化学関連企業は知っている。宝の地図は掌中にあるのだ。では、彼らは宝の地図を手にしながら、戦後はただ指をくわえて眺めてきただけなのだろうか？

北朝鮮中枢に食い込むNGO代表の驚くべき言葉

北朝鮮経済についての本を書こう！――その思いが高じて、執筆を始めた私だったが、壁にぶつからざるを得なかった。何しろ日本では、北朝鮮にまつわる報道が極めて限られている。ネットで得られる情報なんて、そもそも真偽すら疑わしいし、本や雑誌から得られる情報も知れている。「北朝鮮経済の実態に通じている人物から直接話を聞きたい」――そう思った私は、北朝鮮ルートを知っていそうな友人に頼んでみた。友人からはすぐに返事がきて、北朝鮮に対する人道支援を行なっているというあるNGOの代表者を紹介してくれた。拉致被害者家族の方とも親しいという。

そのNGOや代表の方は、何度も北朝鮮に足を運び、その回数は一〇〇回を超え、労働党幹部との会談も一五〇回を超え、二〇〇二年の日本人拉致被害者五人の帰国にも関与したという。「これはうってつけではないか！」。私の気持ちは北朝鮮経済と共に拉致被害者救出にも大いに向かっていたので、胸が高まる思いであった。とりあえず「会って話を聞こう」と、私は事前の下調べもそこそこに指定された会談場所に向かった。

先に述べた通り、私は経済の話もだが、まず日本人として、何より拉致被害者の救出につながる話が聞きたかった。そこでその話を切り出してみた。「今の動きの中で、拉致被害者の方に帰って来て欲しいなという気持ちが自然に湧いてくるんですよ」。それに対する代表の返答は、最初は何を言っているのか理解できないものだった。

「拉致被害者がいるということ自体が、あまりにも現状を知らな過ぎる！」。私は思わず「えっ」という声を漏らしてしまった。代表の言葉には怒気すらこもっているように感じられた。「二〇〇二年九月の小泉総理と金正日総書記との平壌宣言。あの時に、拉致被害者は生存している人は返します。あとは死にました。そう向こうのトップが言ったんですよ。生きてるって誰が言い始めたんですか？　日本でしょ。どこに根拠があるんですか。日本が勝手に言っているだけでしょ。向こうのトップが出てきて『死んだ』って言ったの。ところが安倍政権は今でも生きてるって言う」。

拉致被害者の帰国に尽力しているはずのＮＧＯ代表の口から、思わぬ言葉が次から次へと溢れてきた。代表は話を続けた。

「経済といっても、北に関わる時には必ず拉致問題が前面に出てくるから、経済だけの話というわけには行かない。そんな浅い考えでは北とは付き合いできない。だって、拉致問題っていうのは一番肝心なことでしょ。もし北の経済だとか、北のことに関わりたいというのであればね」。

それは確かにそうだが。割り切れない気持ちで聞いていた私に、次の代表の言葉はある意味で明快な答えを与えてくれた。

「僕もビジネスでもうけることが目的で北朝鮮に入ってるから。他のことに興味があったわけじゃない。政治的な理由で北朝鮮に行ったわけではない。でも、金もうけしようと思ったら、相手を知らなきゃいけないでしょ。金もうけをするということは、その人の懐に入るということだから」。

ここまで聞いて、私は彼が言わんとしている意味を了解した。確かに金もうけをしようと思ったら、相手の懐に入らなきゃいけない。通常のビジネスでも、トップがワンマンなオーナー企業と取引しようと思ったら、そのワンマン・オーナーの気に入られなければならない。間違っても、そのオーナーの主張に異を唱えるなどということをしてはいけない。まして、今回の取引相手は北朝鮮だ。だから彼は「日本人にとって何より大切な拉致問題でさえ、自ら口を封じ、相手の主張を是としなければならない」というのだ。

人それぞれ信条は異なる。残念ながら、私自身はそこまで割り切ってビジネスをやることはできない。私にとって一番大切なものはなにしろ「志」であり、この「祖国・日本」だ。しかも、拉致問題解決は私にとっても悲願だ。ただし、現場で北朝鮮と直接ビジネスをやる人にとっては、違う現実があることもやはり事実なのだ。

私は、冒頭から頭をハンマーで殴られたようなショックを受けた。

人道支援でどうやってもうけるか？

もう一つ私が尋ねたかったのは、ＮＧＯによる人道支援活動と金もうけとの関係だ。私のイメージの中では、ＮＧＯの活動は金もうけとは結び付かず、それほど豊かではない。しかし代表は、金もうけになるという。どういうことなのか？

代表は、ある物資を日本全国から集めて北朝鮮に送ったと話した。「人道支援ですか？」。「人道支援よ」。「じゃあ、向こうから何の見返りもない？」。「ないよ。ないけどね……。日本の財界にとって、北朝鮮はマーケットになるんでね。一般にはあまり知られていないけれど、たとえば鉱山なども多くて、いろいろな資源がある。鉱山を掘るとヒ素も出てくるから有毒で危険だ。だから、ヒ素を食べる微生物まで北朝鮮は調べているんですよ。様々な企業が取引したいのは当たり前。だから、北との渡りを付けたいわけよ。でも、どこにもルートがないでしょ。そこで、そういう企業からの資金の一五％を収益にして、支援するんです。たとえば、大企業が一〇〇の人道支援を申し出たら、僕が一五取って八五の人道支援をする。こういうことです」。

なるほど、である。これでやっと人道支援のNGOと金もうけとがつながった。そういう支援企業は、鉱業・金属・化学から農産物・漁業などまで、あらゆる業種におよぶという。

これで先の私の疑問――日本企業は「宝の地図を手にしながら、戦後はただ指をくわえて眺めてきただけなのだろうか？」の謎は解けた。そんなことはない。企業はちゃんと動いて下地を作っているのである。

しかし、〝安倍政権になってから〟のこの四、五年、代表は北朝鮮に行っていないという。対北ビジネスがまったく成立しないためだ。対北朝鮮で圧力外交を主導する安倍首相は、「安倍一強」とまで言われ、長期政権を築いてきた。しかしここにきて、長引く「モリ・カケ問題」で内閣支持率が不支持率を下回る状況が続き、自民党総裁三選は危ぶまれる情勢になってきた。対北圧力外交の安倍首相が辞めることになれば、北朝鮮との取引復活を望む者にとってはありがたい前進になろう。

北朝鮮で大もうけしたいなら、準備はすぐに！

今回の米朝首脳会談は、多くの識者が指摘しているように、トランプ大統領が功名心に駆られて走った壮大にして無意味な政治ショーであった。会談前には、米国は北朝鮮に「完全かつ検証可能で不可逆的な非核化（ＣＶＩＤ）」を迫ると見られていたが、共同声明にＣＶＩＤの言葉は盛り込まれず、トランプ大統領は「時間がなかった」と言い訳した。

一方で北朝鮮は文書で体制保証を取り付け、非核化の具体性はまったくなく、義務を課せられないまま米国からの軍事攻撃を相当な期間にわたり回避できることとなった。何も失わないで時間稼ぎに成功した。

トランプが大統領の座にあるのは、短ければ二年半、長くても六年半だ。金正恩はその期間に取り合えず何がしかの（もちろんすべてではない）核弾頭や大陸間弾道ミサイル（ＩＣＢＭ）を破棄して、トランプを「私はついに北朝鮮に核を破棄させた！」と喜ばせれば、経済的には大きな見返りが可能だ。経済が潤ってくれば、さらに体制は盤石になる。「トランプ豹変す」だから、このようなシナリオは決してあり得ないことではない。そして、トランプが何らかの形でのカネを日本（や韓国）に出させる腹づもりなのは明らかだ。一方の金正恩にしてみると、経済成長を実現させるためには、一時的に日本（や韓国）にお金を出させるだけではダメで、やはり中国のように対外「改革開放」政策が必要という判断になってくるのではあるまいか。日本企業にも開かれた北朝鮮経済――その到来は予想外に早いこともあり得るのだ。

その北朝鮮で大もうけしようと思うならば、当然のこととして、今から下地ならしをしておかねばならない。いざ、北朝鮮への経済進出可能となってから、「さあ、北朝鮮でもうけよう！」ではまったくお話にならない。そんなことでは、美味しいところを取れるはずがない。先ほどの企業と北朝鮮をつなぐ役割を演じるＮＧＯ代表は、「いつでもできるように、やれる素地は作ってある」と準備万端だ。

いざ解禁に備えて、今は情報収集、そして渡りを付けておく時期だということになろう。それを人に先んじてできるかどうか――それが、北朝鮮で大もうけできるか否かのカギであるのかもしれない。

第四章　北朝鮮へ投資する方法

簡単ではない北朝鮮への投資

「ぜひ、北朝鮮に投資したい」――本書を手に取られ、こう思われた方もいらっしゃるだろう。ただ、現在のところ北朝鮮に直接投資するのは容易ではない。社会主義国である北朝鮮の市場は、極めて閉鎖的である。北朝鮮には株式市場すら存在しないし、不動産も国有だ。投資商品を売買する公式に認められた市場などないし、一般の外国人が北朝鮮に投資する手段はほぼないのが現状である。

しかし、独裁の下で長期にわたり経済が低迷・疲弊する一方、北朝鮮の持つ高いポテンシャルにはしばしば注目が集まり、ごく一部の投資家の間でちょっとした「北朝鮮ブーム」に沸くこともあった。北朝鮮もいずれは国際市場からの資金調達を余儀なくされると考え、先んじて投資しようというわけだ。

金正恩と文在寅との首脳会談実現により南北朝鮮統一の機運が高まる中、北朝鮮との国境に近い中国・丹東の不動産が短期間に急騰したのも北朝鮮ブームの一つと言ってよい。もちろん、丹東はあくまでも中国の不動産である。しかし、丹東の不動産価格急騰は、北朝鮮の経済開発と市場経済化への期待によるものであることは明らかだ。

このように、北朝鮮に直接投資することはできなくても、間接的に北朝鮮の経済成長に投資する方法はある。本章では、過去そして現在、行なわれている北朝鮮関連の投資事例を取り上げ、謎のベールに包まれた独裁国家・北朝鮮への直接・間接の投資方法について考えてみよう。

北朝鮮の資源を狙う国々

北朝鮮には、鉄鉱石や石炭、金、銀など豊富な資源が存在する。特に、希少金属であるレアメタルについては世界有数の埋蔵量を誇る。タングステンやモリブデン、コバルト、チタンなど産業に欠かせないレアメタルが豊富に存在するのだ。さらに、北朝鮮の西海岸地域には大量の石油が埋蔵されていることも明らかになっている。かつては資源の乏しい国と見られていた北朝鮮が、実は資源の宝庫であることが知られてきたことで、北朝鮮に眠る資源の利権を確保しようとすでに多くの国が動き出している。中国、イギリス、ドイツ、スイス、シンガポールなど多くの国の企業が北朝鮮で合弁事業を行なっている。北朝鮮の資源をめぐる争奪戦はすでに始まっているのだ。

特にイギリスでは、二〇〇六年に金融監督庁（ＦＳＡ）が北朝鮮への開発投資ファンドに認可を与えたことで、「朝鮮開発投資ファンド」を設立したアングロ・シノ・キャピタル社や、北朝鮮全域における原油探査と開発を行なう契約を結んだアミネックス社など、多くのファンドが投資に乗り出した。

もちろん北朝鮮投資のリスクが高いのは言うまでもなく、事業の成功は簡単ではない。実際、アミネックス社は二〇一二年に、北朝鮮の政治状況を理由に北朝鮮事業を断念している。ただ、北朝鮮にとっては外貨を稼ぐ手段になり、投資する側にとってはリスクが高い分、大きな収益が期待できる北朝鮮への投資は今後ますます活発になるに違いない。

北朝鮮の債券に投資するヘッジファンド

北朝鮮の債券に関心を示す投資家もいる。一九九七年には、北朝鮮向け債権をまとめて組成した債券をフランスの金融大手BNP（現BNPパリバ）が発行している。北朝鮮は、一九七〇年代後半に一〇〇行近くの外国銀行から巨額のシンジケートローンを借り入れたが、一九八四年にこれらのローンはデフォルト（債務不履行）した。これらの融資債権をBNPが証券化したのだ。

この債券が組成された九〇年代後半は、一九九四年の金日成の死去により南北統一の期待が高まった時期だ。デフォルトから一〇年以上が経ち、この〝不良債権〟を手放したい銀行と、高いリターンが期待できる金融商品を求める投資家とのニーズがマッチした。この債券には、アメリカやイギリスのヘッジファンドなどが投資したという。

北朝鮮の悲惨な経済・財政状況を考えるまでもなく、この北朝鮮債券の信用力は極めて低い。取引価格は額面を大幅に下回るし、そもそも取引自体が少ない。二〇一一年に金正日が死去すると、この債券に再び注目が集まった。金正日から金正恩に政権が移ったことで、北朝鮮の経済改革と市場化が進むことへの期待から、この債券の価格が若干上昇したのだ。

ただ、南北統一も経済改革も市場化も期待外れに終わる中、当然、この債券投資が報われるはずもない。債券に投資したファンドマネージャーたちは、数年間保有した後、手放す者が多かったという。

北朝鮮の不動産に投資する人々

北朝鮮では不動産は国有であり、私有財産ではないため、不動産取引自体が違法である。しかし、この原則はすでに形骸化しつつある。「トンジュ（金主）」と言われる新興富裕層が不動産取引を積極的に行なっているというのだ。なぜ、違法であるはずの不動産取引が行なわれているのか？　北朝鮮政府の財政難による資金不足から、多くの住宅建設が中止に追い込まれたため、それをトンジュらが引き受けているからだ。トンジュはヤミ市場での商売などで財を成し、消費を牽引するなど国内での影響力を強めている。

北朝鮮では住宅は国から与えられるが、住宅を購入する国民も増えている。ヤミ市場にいる不動産ブローカーに頼めば、物件は見つかるという。不動産売買は違法であり刑罰の対象だが、関係当局に賄賂を渡すことで政府も黙認しているという。こうして住宅の売買は、非公式ではあるものの大々的に行なわれているというのだ。

公式のデータは当然ないが、北朝鮮専門ネットメディア『デイリーＮＫ』によると、平壌や中国国境付近の都市を中心に住宅価格はかなり上昇しているという。平壌に所有していた集合住宅が一〇年で一五倍近くに高騰したという実体験を語る人もいる。中国国境に近い新義州も不動産投資の有望エリアだという。新義州は鴨緑江という川を挟み、中国の丹東市と向かい合う国境の街だ。

中国国境からわずか一〜二キロメートルという立地を生かし、中国からの輸入物資を全国に送り出す物流拠点となっていることが不動産の価値を高めている。トンジュらが中心になり、数年前から高層マンションの建設が進められている。セメントや鉄筋などマンション建設に必要な材料は、ほとんど中国の丹東から輸入している。

ただ、北朝鮮の不動産は、市場の未成熟さに加え、政策や外交などの政治要因が強く影響し、非常に不安定でもある。ミサイル発射実験を繰り返した二〇一七年などは、国際社会の経済制裁の影響で資金調達や物流が滞り、さらに北朝鮮の地政学リスクが高まったことなども影響し、不動産価格は下落した。『デイリーNK』によれば、事業資金や生活資金を工面するため不動産を売却する人も増え、一年で三割以上も暴落した物件もあるという。影響は中国にもおよび、国境の街・丹東では、中朝貿易の発展を見越して新たに開発された市街地がゴーストタウンと化したという。

ところが、二〇一八年になると様相は一変する。平昌冬季オリンピックでは、韓国・北朝鮮の両選手団が統一旗を掲げて合同行進するなど融和ムードを演出し、四月には南北首脳会談も実現するなど、にわかに朝鮮統一への期待が高まった。それを受け、中国・丹東などでは、国連制裁決議によって規制されている北朝鮮産の海産物の輸入や北朝鮮労働者の往来が増え始めた。

丹東などの不動産価格が急騰、北朝鮮国内の不動産取引も再び活発化しつつある。羅先経済特区では、北朝鮮に対する経済制裁強化のあおりで中断されていたマンション建設が再開されたという。これらのマンションはいずれも二〇階建て以上の高層マンションで、北朝鮮の貿易会社と中国企業の合弁で建設が進められている。「特区内のマンションは、高級幹部やトンジュに買われていて、供給が需要に追いつかないほど」で、「制裁が解除されたわけでもないのに、中国の投資者が殺到するのを見ると、実質的には経済制裁など存在しないも同然」（『デイリーNK』二〇一八年四月一七日付）だという。

このように、北朝鮮では南北の融和や統一への機運が高まると、不動産をはじめとする資産価格が高騰し、逆に南北の対立や緊張が高まると、資産価格が急落するという動きを何度も繰り返してきた。そして二〇一八年、朝鮮統一への機運がにわかに高まったことで、再び北朝鮮の不動産への投資に注目が集まりつつある。中国人を中心に、平壌や元山、新義州などの不動産に関心を示す投資家も増えているようだ。現在、公式には取引が禁止されている北朝鮮の不動産を購入できるのは同国民に限られ、外国人が投資することはまず不可能だ。ただ、近い将来、北朝鮮情勢の劇的な変化により、外国人が同国の不動産に投資できるようになる可能性は十分考えられる。その時のために、北朝鮮の不動産情報をチェックしておくことは有意義であろう。

具体的な投資方法

■金貨

世界三大投資家の一人、ジム・ロジャーズは言う。「コインや切手は、わたしが北朝鮮に投資できる唯一の方法だ」（ウォール・ストリート・ジャーナル日本版二〇一三年三月二九日付)。投資対象として北朝鮮が有望であるとしても、公式に開かれた市場がない北朝鮮への投資は困難を極める。とりわけ私たち日本人を含め、外国人が投資できるものはほぼ皆無である。そのような中で、北朝鮮の金貨への投資は有効な選択肢と言ってよい。

これまで北朝鮮では様々な記念金貨が発行されてきたが、その種類は決して多くない。外国人投資家が手軽に購入する機会はほぼないし、ましてや大量に入手するのは非常に困難だ。ジム・ロジャーズも、シンガポールで開催された国際コインフェアで売り出された際に購入している。

では、北朝鮮の金貨を購入することは不可能なのかというと、そうではない。もちろん「欲しい時に、欲しいだけ」というわけにはいかないが、北朝鮮の金貨は日本国内にも確かに存在し、時々売り物が出る。その売り物を狙うわけだ。その情報を入手するのに有効な手段となるのは、やはりインターネットだろう。特別な入手ルートや情報ルートを持たない一般の人たちにとって、インターネットは情報収集の強力な武器になる。「北朝鮮　金貨」などの言葉で検索すれば、北朝鮮の金貨を扱う販売業者やインターネットオークションのサイトがいくつも見つかる。

ただし、常に在庫があるような代物ではないため、ちょうど良いタイミングで売り物に巡りあえるとは限らない。というよりも、どこの店舗でも北朝鮮の金貨はごくたまに入荷する程度で、問い合わせても「今は在庫がない」と言われることがほとんどだ。北朝鮮の金貨を入手するには多少の努力は必要になる。業者のホームページや電話などで在庫をマメにチェックするか、もし可能なら「入荷したらぜひ買いたいので、連絡して欲しい」と頼んでおくのも手だ。

北朝鮮の金貨を買う際は、なるべく自宅から足を運べる範囲の実店舗のある業者を選ぶ方が安心だろう。その場所で何十年も営業している老舗など、鑑定技術のしっかりした業者で買う方が無難だ。何しろ金は偽物が多く存在する。金は軟らかい金属のため加工が容易で、タングステンなど金と比重が近い安価な金属を使えば偽物を作るのは難しくないからだ。北朝鮮の金貨にも偽物は多く、そのようなものを掴まされたら大金を失いかねない。目利きに自信がある人はよいが、一般の人は無用なトラブルを避けるためにもネットオークション、個人間売買、ネット通販などは避けた方が無難だ。

ただ、フリマアプリの「メルカリ」などには、金貨以外にも切手やバッジ、デノミ前の旧紙幣など様々な「北朝鮮グッズ」が出品されている。金貨と違い、数百円程度の安価なものも多い。やはり偽物も多いと考えられるので注意が必要だが、北朝鮮投資の第一歩としてコレクションするというのも面白いかもしれない。何しろ少額だから損してもたかが知れているし、将来、意外なほどの高値で売れるかもしれない。

北朝鮮金貨の在庫、流通量という点では、同国と交易の盛んな中国の方が日本に比べはるかに豊富であるに違いない。そこで、国境近くの丹東や北京、上海などにある貴金属業者を訪ねてみるのも手かもしれない。ただ、取引に不慣れな素人外国人と見るや、高値を吹っかけられたり偽物を掴まされるリスクは当然あるだろう。目利きに自信のない人はやはり避けるべきだ。ただし、最悪、騙されるリスクも覚悟の上でなら、トライする価値はあるかもしれない。

北朝鮮の金貨のうち、日本国内で比較的入手しやすいものは「北朝鮮建国四〇年記念金貨」だ。一オンス、二分の一オンス、四分の一オンス、十分の一オンスの四種類がある。一九八八年に発行された純金（24Ｋ）金貨だ。この年、北朝鮮では建国四〇周年のイベントが開催されたが、その費用捻出のために発行されたといわれる。

北朝鮮の金貨は手軽に入手できるものではないし、そもそも現在の日本ではニーズがあまりない。はっきり言えば不人気だ。買取業者の中には、北朝鮮金貨としては買い手が付きにくいので、金地金に加工し直すところもあるほどだ。しかし、特に日本国内においては非常に希少性が高く、一部のマニアの間では高値で取引されることも珍しくない。今後の朝鮮半島情勢によっては、将来的にとてつもないプレミアムが付く可能性もある。金は実物資産であるし、偽物でない限り、少なくとも重量に応じた価値が損なわれることはない。そういう意味では、ジム・ロジャーズのように、多くの人たちが注目する前に北朝鮮の金貨を購入しておくのは面白いのではないか。

北朝鮮で発行された金正日総書記誕生 70 周年記念金貨（上）と建国 60 周年記念金貨（下）。どちらも純度と重さが明記されている。

（写真提供　朝鮮通信＝時事〈上下共〉）

■株

北朝鮮には株式市場が存在しない。そのため、「北朝鮮株」に投資することはできないが、北朝鮮情勢はしばしば世界のマーケットに大きな影響をおよぼす。二〇一七年も、北朝鮮が事前通告なしに日本の上空を通過するミサイルを発射した際には一気にリスクオフムードが広がり、日本をはじめアジアの株式市場が急落し、円高が進んだ。二〇一八年に入り一転して北朝鮮リスクが後退する中、もしも南北統一が実現した場合、各国株式市場も大きく動く可能性が高い。「北朝鮮トレード」で利益を出すチャンスが到来するわけだ。

なんと言っても注目されるのは、統一のパートナーである韓国株だ。統一により韓国が持つ資本や技術と北朝鮮の安価な労働力とが結びつき、大きな経済効果がもたらされる可能性がある。もちろん、統一には経済的なデメリットもある。それは韓国のコスト負担だ。実際、九〇年の東西ドイツ統一の際には、統一コストの負担に西ドイツは苦しんだ。朝鮮半島統一に当たっても、韓国の負担は決して小さくないだろう。

それでも豊富な資源など、北朝鮮の高いポテンシャルを考えれば、韓国側のメリットは小さくないはずだ。投資家にとっても、韓国株への投資には十分魅力がある。実は韓国の株式市場は他の国の市場に比べ、総じて割安な状態が続いている。株価の割高・割安を計る代表的な指標であるＰＥＲ（株価収益率）で見ると、二〇一八年六月現在、日経平均が一三倍程度、ＮＹダウが一六倍程度となっている。

それに対して、韓国の代表的な株価指数ＫＯＳＰＩのＰＥＲは一〇倍程度だ。ＰＥＲは高いほど割高、低いほど割安を示すから、韓国株は日米株に比べるとかなり割安と言える。なぜ、韓国株が割安に放置されているかというと、やはり北朝鮮リスクが常に意識されていることが大きい。そういう意味では、南北統一により北朝鮮リスクが解消されれば韓国株の割安是正は進み、その分、株価の上昇が期待できる。

韓国以外にも、日本株や米国株などにも、南北統一による恩恵を受ける銘柄は出てくるだろう。それらの具体的な銘柄は第七章で取り上げるが、個別銘柄の選択が難しければ、市場全体に投資ができるＥＴＦ（上場投資信託）に投資するのも一考だ。韓国株に投資するＥＴＦには次のようなものがある。

■ｉシェアーズＭＳＣＩ韓国ＥＴＦ（銘柄コードＥＷＹ）

■サムスンＫＯＤＥＸ２００ＥＴＦ（銘柄コード　０６９５００）

また、中国やベトナムのように、社会主義国であっても市場経済を取り入れ、証券取引所で現地企業の株式を売買できる国もある。北朝鮮もいずれは市場経済化が進み、株式市場ができる可能性もあるだろう。

このように北朝鮮への投資は困難だ。投資対象はほぼ皆無に近い。しかし、諦めてはいけない。頭を使い必死に考えれば、何かしらの方法はあるはずだ。

今回、私は本書の執筆にあたり、北朝鮮への投資方法について何か手がないか私なりに考え、そのいくつかを読者の皆様に紹介した。これら以外にも有望な方法はきっとあるに違いない。ご自身なりに考えてみることをお勧めする。その地道な努力は、いつの日か北朝鮮が市場を開放し、外国人も自由に投資できる日がきた時にきっと実を結ぶことだろう。

第五章　北朝鮮の潜在力の大きさ

北朝鮮から「ありがとう」

二〇一八年三月二三日、とあるインターネットのサイト上に人を小馬鹿にした画像がアップされて話題になった。「Thank you!!!」の文字が掲げられた画像には、二〇ポンド札が山のように積み上げられた背景で、真ん中にその札束を抱えて満足そうに笑う金正恩・北朝鮮最高指導者の写真というものだ。

日本の仮想通貨取引所であるコインチェックがハッキングの被害に遭い、XEM（ゼム。プロジェクト名であるNEMで呼ばれることが多い）という仮想通貨が当時の価値で五八〇億円分盗まれたという事件は記憶に新しい。仮想通貨にほとんど興味がなくまったく保有していない方でも、事件が発覚した今年一月二六日以降、テレビや新聞、雑誌などで毎日のように報道されていたから、知らないという方はまずいないだろう。盗まれたXEMは、一般ではアクセスができず追跡が困難なダークウェブと呼ばれる闇サイトで他の仮想通貨に交換されていた。専用サイトですべてのＸＥＭの交換が終了したのが三月二二日、その翌日に先ほどの「Thank you!!!!」が表示されていたのである。

コインチェックに対してハッキングを行なった犯人は、現在のところ捕まっていない。犯人はよっぽど間抜けなミスをしない限り、おそらく今後も捕まらないだろう。これは、ビットコインの開発者であるナカモトサトシ氏がいまだに特定できていないことを見れば明らかである。通常、仮想通貨は情報が開示されるまではその匿名性は極めて高く、保有している仮想通貨をいくら調べても個人にたどり着くことが困難なのだ。

では、犯人の目星がまったく立っていないかと言えばそうではない。おそらく犯人ではないかと噂されている集団がある。それは、北朝鮮のハッカー集団だ。もっとも、すべての交換が終わって表示された例の画像が〝いかにも〟であからさまだったため、「本当に北朝鮮の仕業か」と訝しがる声もあるが、これまで北朝鮮の仕業だろうと言われている他のハッキングと手口が似ているという。犯人が捕まらない限り真相は究明されないが、本当に北朝鮮の仕業だったたとしたらサイトにアップされた画像の金正恩・最高指導者が関わっている可能性が高い。つまり、国家規模でハッキングを行なっているということだ。

世界規模、北朝鮮のハッカーによる被害

北朝鮮によるサイバー攻撃は、少なくとも二〇〇九年より行なわれているという。二〇一八年二月六日の日経新聞に「北朝鮮の関与が指摘される主なサイバー攻撃」が一覧表で掲載されている。これを見ると、最近は金銭に絡んだハッキングが多く、背景に経済制裁によって困窮する北朝鮮の姿が浮かび上がる。一三九ページの図の中で二〇一四年一一月ソニー米子会社へのサイバー攻撃、二〇一六年二月バングラデシュ中央銀行の口座へのサイバー攻撃、二〇一七年五月世界規模で行なわれた「ワナクライ」の攻撃の三つを見てみよう。いずれも世界で話題を呼んだ事件である。

北朝鮮の関与が指摘される主なサイバー攻撃

2011年3月	韓国の大統領府、国防省、在韓米軍などのサイトを攻撃
2013年3月	韓国の放送局・金融機関の計６社にサイバー攻撃
2014年11月	ソニー米映画子会社へのサイバー攻撃で映画や俳優の個人情報が流出
2016年2月	バングラデシュ中央銀行から8100万ドルが不正送金
9月	韓国国防省のシステムに侵入。機密文書が流出の可能性
2017年5月	世界150ヵ国で「ランサム（身代金）ウエア」が金銭を要求
6月	韓国の仮想通貨交換業者「ビットサム」で３万人の顧客流出
12月	韓国の仮想通貨交換業者「ユービット」で約170億ウォンの資産流出
2018年1月	コインチェックから580億円分の仮想通貨「ＮＥＭ」が流出

出所：日本経済新聞 2018年2月6日付

■二〇一四年一一月ソニー米子会社へのサイバー攻撃

ソニー米子会社へのサイバー攻撃は金銭目的ではなく、多分に政治色が強い。ソニーの米子会社である「ソニー・ピクチャーズ・エンターテイメント」（SPE）が金正恩氏の暗殺計画を描いた映画「The Interview」を製作し、公開しようとしたことが背景にある。

サイバー攻撃の結果、SPEの従業員やその家族、俳優など大量の個人情報が流出した。また、サイバー攻撃を行なった側は、ネット上に映画館へのテロ行為をほのめかしており、映画は一一月二五日からの全米公開が中止に追い込まれた。FBI（米連邦捜査局）は二〇一四年一二月一九日、一連のサイバー攻撃を北朝鮮の犯行と断定している。

■二〇一六年二月バングラデシュ中央銀行の口座へのサイバー攻撃

二〇一六年二月、ニューヨーク連銀にあるバングラデシュ中央銀行の口座から八一〇〇万ドル（約九〇億円）が盗まれたサイバー攻撃である。これだけでも被害額はこれまでの銀行強盗の中で最大規模ではあるが、この話には続きがある。送金先の名前にスペルミスがあったことで送金途中に事件が発覚したのだが、もし途中で発覚せずにすべて送金されたとすると被害額は一〇億ドル（約一一〇〇億円）と桁違いになっていたという。

このサイバー攻撃は、先に紹介したソニー米子会社との手口が類似しており、北朝鮮の関与が強く疑われている。米セキュリティーソフト大手のシマンテック社の幹部は米上院議会でこの事件を「北朝鮮に拠点を持つグループの犯行」と証言し、「国家が金銭を盗む目的でサイバー攻撃を仕掛けた初めてのケース」と分析している。なお、北朝鮮の関与が疑われる各国銀行へのサイバー攻撃は、他にもベトナムやフィリピン、エクアドル、ポーランドなどを含む合計三〇ヵ国超と多岐にわたっているという。

■二〇一七年五月世界規模で行なわれた「ワナクライ」の攻撃

二〇一七年四～五月、ウィンドウズ対応のパソコンがサイバー攻撃を受けて内部のデータがロックされた。ロックを解除しデータを取り出すには、三〇〇ドル分のビットコインを指定されたアドレスへ送金する必要があった。

これは「ワナクライ」と呼ばれる身代金を要求する不正プログラム、ランサム（身代金）ウェアの仕業だった。欧州警察機構・ユーロポールは、この「ワナクライ」の攻撃に対して「前例がない規模の攻撃」と評した。それもそのはずで、世界各地の企業や病院、銀行が狙われ、実に一五〇ヵ国で三〇万台以上のパソコンが影響を受け、何十億ドルもの被害となった。ロシアやウクライナにおける被害が大きく、日本でも六〇〇ヵ所、二〇〇〇端末以上が被害にあった。イギリスでは国民保険サービスのコンピュータが多数停止させられ、医療現場の混乱を招いている。

やはり前述二つのサイバー攻撃と手口が類似しており、その規模の大きさから米国では二〇一七年一二月一九日、ホワイトハウスがホームページ上で「北朝鮮が関与した」と公式に発表した。またイギリス政府もその前月、一一月に北朝鮮による攻撃である旨を発表している。

優秀な北朝鮮のハッカー集団とその手口

「ラザルスグループ」――これが北朝鮮のハッカー集団の名前である。別名「ＺＩＮＣ」と呼ばれたり、最近アメリカではこの集団のことを「HIDDEN COBRA」（ヒドゥン・コブラ。直訳は〝隠れたコブラ〟）と呼んだりしている。過去のサイバー攻撃ではまったく異なる名称で犯行声明が出たりしているのでわかりにくいが、「ラザルス」と「ヒドゥン・コブラ」の名称はよく出てくるので頭の片隅に入れておいてもよいだろう。ちなみにアメリカは二〇一五年頃に米民主党を標的として行なわれた電子メールのハッキングなどの一連の事件をロシアのハッカー攻撃と位置付け「GRIZZLY STEPPE」（グリズリー・ステップ。直訳は〝ハイイログマの草原〟）と名称を付けていることから、どう猛な動物の名称を付けるのが恒例なのかもしれない。

ここで気になるのは、北朝鮮のハッカー集団の実力は果たしてどれくらいのものかということだが、実は驚くほど優秀であると言われている。ハッカーの卵は、北朝鮮の理系の優秀な大学「金一政治軍事大学」や「金策工業総合大学」などに進学する。大学では、外国製のハッキングプログラムを見せ、それを模倣させる課題を行なっているそうだ。そして、彼らはそれを忠実にこなすことができるほど、知識レベルが高いという。そのように訓練された卒業生がハッカー集団に組み込まれるわけだ。

おかげでその実力は、世界でもトップクラスとなる。アメリカの新興ウェブメディア「VOX」は、その実力を世界で七本の指に入ると報じたことがある。米国、ロシア、中国、イギリス、イラン、フランス、そして北朝鮮の七本である。また米国の調査機関の中には、北朝鮮は米国、ロシアに次いで世界第三位のサイバー戦能力を持つという声もある。

なぜ、そこまで優秀な人材が育つのか。理由は、国を挙げての英才教育がなされているためだ。北朝鮮にはほとんど主要産業がない。鉱物資源が豊かな国のはずだが、経済制裁によるエネルギー不足などから重工業は発達してこなかった。豊かな鉱物資源は、眠ったままなのだ。

そのような中で、国一番の産業と位置付け、国を挙げて取り組んだのがサイバー事業、サイバー部隊の育成だったのである。他のものには一切目を向けず、国の人材すべてサイバー事業一点に集中したのである。北朝鮮全土から将来有望そうな小学生をスカウトし、その上で選別メンバーに対して首都平壌の中高一貫校でひたすらパソコン技術を叩き込むのである。大学入学の際にさらに選別を行ない、入学後もそこで徹底教育、そして国で一番優秀な人材をサイバー部隊に配置するのである。そこまでして育成されたハッカー集団だから、世界でもトップクラスの実力を持っていても何ら不思議はないのだ。

北朝鮮のサイバー攻撃の手口は、大きく二つに分けられる。一つは「スピア・フィッシング攻撃」、もう一つは「水飲み場攻撃」だ。スピア・フィッシングは元々、素潜りしてモリなどを使って魚を仕留めることを意味する。通常のフィッシングが不特定多数を標的にするのに対して、スピア・フィッシングは最初からターゲットを決めて狙い撃ちにする。

具体的には、サイバー攻撃を行なう上での対象者の中からキーパーソンを見つけ出し、その人の調査を行なった上で、上司や得意先、関係者に成りすまして偽の電子メールを送り付けるのである。対象者が安心して電子メールのファイルを開けば、パソコンはウィルス感染し、ハッキング成功である。

もう一つの「水飲み場攻撃」は、水飲み場であるオアシスなどでライオンなどの肉食動物が水を求めてやってくる草食動物を待ち構えている姿になぞらえて名付けられた。ターゲットを決めてその対象が頻繁に訪れるサイトを調べ、そのサイトを改ざんして悪意のある不正なソフトウェアを仕掛けておく方法だ。対象者が騙されて改ざんされたサイトを開けば、ハッキング成功である。

「スピア・フィッシング攻撃」と「水飲み場攻撃」とは、攻めと待ちのスタンスは異なるものの、いずれもターゲットを設定した上で、その個人を狙う方法であることがわかる。

デジタル時代の落とし穴

「一人の天才が世界を変えてしまう」――この世界ではそのようなことがたびたび起きる。特に珍しいことではなく、ＩＴ技術の革新と共にその傾向は強くなったと言える。マイクロソフトのビル・ゲイツ、アップルの故スティーブ・ジョブズ。フェイスブックのマーク・ザッカーバーグなどがそのよい例だろう。

たとえばスティーブ・ジョブズの場合、彼がいなければパソコンは今のような姿になっていたか疑問だ。そしてこのような偉業をたった一人でというと言い過ぎかもしれないが、少なくとも少人数で実現し、間違いなく世界を変えているのである。それが可能なのは、世界がハード中心からソフト中心に変わっているためだ。そして、それはアナログからデジタルへ世界全体が変化しているということでもある。

最近話題になっている仮想通貨は、まさにデジタルデータの形で存在する。

こうなるとさらに人を必要としない。仮想通貨の世界で一番有名な「ビットコイン」は、ナカモトサトシ氏が作ったとされる。ナカモトサトシ氏は一人とも集団とも言われているが、少なくともビットコインを作るために、大企業なみの人員や設備などはまったく必要ではなかった。

仮想通貨の世界で次に有名な「イーサリアム」は、驚くことにヴィタリック・ブリテン氏がわずか一九歳の時に作った仕組みである。このイーサリアムの仕組みはその後さらに磨かれて、今や「アクセンチュア」や「クレディスイス」「マスターカード」「UBS」を含めた世界の名だたる企業に認められており、その仕組みに賛同する企業数はなんと三〇〇社を超える。日本では「KDDI」「MUFG」「トヨタ・リサーチ・インスティテュート」「NTTデータ」などの一流会社が名前を連ねる。

ちなみにヴィタリック・ブリテン氏はロシア生まれで、六歳の時に両親と一緒にカナダに移り住んでいるが、その小学生時代から数学や経済学を学びプログラミングを行なっていた、まさに天才である。まだ二〇代前半だから、今後の活躍に期待したい。

このようにデジタル化された世界では、すべてプログラミングによって動く。つまり、プログラミングに長けていれば、わずかな人数でも世界を変えることができるのだ。数学、経済学、プログラミングに長けた一九歳の天才が、世界を巻き込む画期的な仕組みを作り出すことができるのである。そう、プログラミングの能力があれば、良くも悪くも世界を動かすことができるのだ。

そして、この傾向はＡＩの登場によりますます加速するだろう。そうなれば世界トップクラスの北朝鮮のサイバー部隊の脅威は収まるどころかますます大きくなると考えておいた方が良い。

北朝鮮はこれから金融立国へ？

北朝鮮のサイバー部隊は、今や世界の脅威である。ただ、アメリカと折り合いを付けて韓国と急速に融和して行くことになれば状況は一変するだろう。世間体から世界トップレベルのハッカー集団をそのままにしておくことはできなくなるかもしれない。また、北朝鮮が力を入れていた軍事関係の人員も削減されるはずだ。それによって起こるのは、冷戦後のアメリカで起きた現象に似たものかもしれない。

冷戦中、アメリカはロシア（当時ソ連）と宇宙開発競争を演じた。一流の技術者がそこに集中し、日夜ロケット開発が行なわれたわけだ。その宇宙開発競争が資金不足もあり下火になると、技術者がＮＡＳＡからあぶれて職を求めて、その力はウォール街に流れた。結果、ロケット工学が金融に応用され、金融工学という新しい学問の発達に貢献し、ウォール街は更なる発展を遂げた。

北朝鮮のサイバー部隊または軍事関係者のたどり着く先は、アメリカと同様、金融になるかもしれない。そうなると、特にサイバー部隊は世界トップレベルの能力を持っているわけだから侮ることはできない。北朝鮮で金融技術の研究が進み、急速に金融立国の道に進む可能性も否定できないのだ。

または、これまでとは異なり、今度は良い意味で世界を変える、今世界にない技術でベンチャーを立ち上げるかもしれない。前述の通り、デジタル化された世界においては、少人数の天才が世界を変えることは十分可能なのである。

出遅れた国は将来勝ち組になる？

北朝鮮がどのくらいの経済規模を誇るのか、正確な数字はわからない。北朝鮮が敵国であるアメリカに状況の把握をさせないようにと、自国の統計を一切発表していないのだから仕方がない。

代わりに韓国側が北朝鮮の統計を推測で発表したりしている。昨年一二月韓国統計庁からの発表では、北朝鮮の二〇一六年の国民所得は、過去五年でもっとも高い伸びを記録したことがわかった。ただ、これでも韓国との一人当たりの平均所得と比べると二〇倍以上とかなりの格差があることがわかる。また、今の北朝鮮の主要産業の技術力は、一九八〇年代の韓国の水準程度という調べもある。これだけの差があるわけだから、北朝鮮という国はサイバー部隊は確かに優れているが、その他の部分ではすべてにおいて出遅れていると考えてよいだろう。

この出遅れているところに、もう一つの投資の妙味が隠されている。今後北朝鮮が戦争を回避し、融和的な解決の道を進んだ場合、他の先進国と交流して行く中でこの遅れを取り戻して行くはずである。しかも、徐々にではなく急速にである。その時、この北朝鮮の遅れはむしろプラスに働くだろう。

というのも、言葉は悪いがこれだけ出遅れていると世界水準から見て有益で残した方が良いと思われるものは何もなく、すべてを一度捨てて作り直した方が早い。つまりゼロから作り上げて行くわけで、余計な設備がないから最先端のものを取り入れることができるのである。

たとえば、最近の世界におけるトレンドとして〝ペーパーレス化〟がある。世界中の至るところで、紙をなくす動きが拡大している。買い物をする時でさえ、お札を使わずに電子決済を行なうようになりつつある。日本はこの分野でかなり遅れているためそのトレンドに気付いていないかもしれないが、世界は確実にその方向を向いており、欧州などはかなり進んでいる。

その分野で有名なエストニアでは、行政サービスの九九％がオンラインで完結し、ほぼ紙が出ない構造になっている。エストニアが今のようにペーパーレスの分野で世界最先端までになったのは、国の努力と同時にＦＡＸがあまり普及されなかったことが大きな原因の一つでもある。エストニアでは一昔前は他国よりも出遅れていたため、ＦＡＸを導入できていなかったのである。そして、しばらくするとＩＴ技術の発展でパソコンによるメールのやり取りが活発になった。そのためエストニアでは、ＦＡＸを導入する前に通信がすべてネット化されたのだ。そのためすべてのやり取りがネットになり、それがペーパーレスの最先端につながったわけだ。

実はこういった例は少なくない。中国やアフリカにおけるスマートフォン（以下スマホ）の普及も同様だ。従来の固定電話は電話会社によって各地域に交換機が設置され、電話線によって繋がっている。それには、電話回線という通信インフラを整える必要があり、かなり大がかりなもので維持するにもメンテナンス費用を必要とする。そのため中国やアフリカでは固定電話が設置されていない地域が発生していたわけだ。一方、携帯電話やスマホは無線だから電話回線網を張り巡らせる必要はなく、基地局さえ立ててしまえば良いといったように、通信インフラを整えるのが比較的容易である。だから、固定電話が十分普及していなかった地域で、携帯やスマホが爆発的に普及したのである。アフリカ各国における固定電話の普及率は一桁だが、携帯やスマホの普及率は九割ほどと日本と比べても何ら遜色がないのはこのためだ。

　このような先端技術の面ばかりでなく、国という大きな単位で見ても同じことが言える。それを証明しているのは、昔の日本である。

　明治維新後の状況を小説にした司馬遼太郎の『坂の上の雲』はあまりに有名で、ＮＨＫでもスペシャルドラマを制作したぐらいだ。明治維新後の当時、何もない状態から列強になんとか追いつくために、遮二無二に欧米的近代化国家への坂を駆け上がった日本を描いた作品である。まさに〝瓦解〟といわれた明治維新後の何もないところから国を作り上げたわけだ。その結果、当時列強の

北朝鮮の投資の妙味

1. 核兵器製造と核ミサイル組み立てに見る技術力

2. 優秀なハッカーの能力専門集団とその技術の可能性

3. 世界屈指の埋蔵量を誇る豊富な鉱物資源

4. 安い労働力

5. ゼロから国造りができる（その時点で最先端のものを取り入れることができる）

一つであったロシアを相手に日露戦争で勝利し、日本は列強の仲間入りをすることになって行く。

第二次世界大戦後の日本にも同じことが言えるだろう。一面焼け野原のゼロの状態からのちに「東洋の奇跡」と呼ばれた高度経済成長を経て、わずか二三年後の一九六八年には見事世界第二位の経済大国までにのし上がったのだ。

このようにガラガラポンからの急成長は、時に〝奇跡〟と言われるほどの成果を生み出すことがある。これが意味することは、北朝鮮が同じように次の未来に大躍進を遂げている可能性があるということだ。

北朝鮮の未来はドイツか？　シンガポールか？

北朝鮮が融和政策を行なった場合、どのような方向に向かって行くだろうか。まず、一九五〇年から始まった韓国との朝鮮戦争の終結宣言であろう。それによって、時間をかけて南北統一の道に進む可能性もある。

社会主義と資本主義に分けられた国が再び統一するとなれば、思い起こされるのは一九九〇年一〇月三日の東西ドイツ統一である。印象が大きいのは一九八九年一一月九日の「ベルリンの壁崩壊」の方かもしれないが、それから約一年後に西ドイツ基本法に基づき、東ドイツ（社会主義）の州が西ドイツ（資本主義）に組み入れられて統一となった（ドイツをはじめ欧州ではドイツ統一とは一八七一年のドイツ帝国の成立を言い、正確には再統一となるが、ここでは日本の一般的表現としてドイツ統一とする）。

では、その後のドイツ経済はどうなったのだろうか。統一前には、経済的な格差があったが格差を埋めるために行なった西ドイツから東ドイツへの多額の援助によって、一時的には建設ブームが訪れた。つまり、バブルが引き起こされたのだ。しかし、その反動から一九九〇年代半ばから長期の建設不況となった（これが原因で二〇〇〇年代の不動産バブルに乗り遅れ、二〇〇八年の金融危機の際にドイツでは致命的な危機が生じなかった）。そして、いまだに格差は存在しているわけで、東西統一後のドイツがヨーロッパ経済をリードするＥＵ

の盟主になったのは事実だ。

もう一つ、こちらは社会主義の国ではないが、ゼロからスタートした国としてシンガポールを紹介しておこう。この国は、実は〝明るい北朝鮮〟と揶揄されるほど独裁国家で、報道等も規制されている。ただ、経済競争力や医療、教育など多くの面で国際ランキングの上位に位置付けられており、優れた独裁であったため今のところ悲壮感がまったくなく、その点が〝明るい〟と付けられているゆえんだ。

そのように今でこそ輝きを放つシンガポールだが、一九六五年八月九日にマレーシアより独立した時は本当に何もない国だった。当時を語る有名なエピソードとして、初代首相のリー・クアンユーは、この独立に対して「これでこの国は終わった」と悲壮感を漂わせた涙の会見を行なっているのである。

しかし、そのような資源も産業もないシンガポールは、スイスに倣い金融立国の道を進み、他にもあらゆる国の良いところを取り入れながら、国際競争力を世界トップクラスまで高めて行くのである。

北朝鮮がどのような道を進むかは不明ではあるが、ドイツやシンガポールがたどった道は参考にはなる。その時、少なくとも今以上に発展することは間違いなく、そこに投資のチャンスも埋もれているはずだ。

究極のインサイダー取引

北朝鮮がこれから発展するのか、それともまだまだ現状のままなのか。これを決めるカードを握っているのは、金正恩氏ではない。もちろん金正恩氏の判断は重要であるが、それよりも重要なのはアメリカの意向であろう。金正恩氏が望んでいてもトランプ氏が「ＮＯ」と言えば、最終的合意は成り立たないのである。だから、今後もアメリカの動向には注意しておく必要がある。これは政治的な動きだけではない。経済的な動きもそうだ。

北朝鮮が融和姿勢を見せて、それをアメリカ中心に世界が受け入れるとなれば、間違いなく北朝鮮への投資は活性化される。そうであれば、その前に仕込んでおきたいと考えるのが人情であろう。不動産価格が上がりそうであれば、それを見込んで先んじて投資をしておきたいと考えるだろう。

観光業が盛んになりそうであれば、ホテルを建てておきたいと考えるだろう。トランプ氏は、言わずと知れた不動産王である。有名なトランプタワーは、ニューヨークやシカゴ、フロリダ、ハワイの他にトロント（カナダ）、マニラ（フィリピン）、イスタンブール（トルコ）、バクー（アゼルバイジャン）と「おやっ」と思う地域も含め世界展開をしている。

もし、北朝鮮の平壌にトランプタワーの建設が始まったら、それはアメリカが北朝鮮と本格的に平和的な解決を行なうという証左であろう。究極のインサイダー取引ではあるが、トランプ氏であればそれぐらいやりそうである。

インフラ投資は当然必要

「平壌にトランプホテル開業」――そんなびっくりネタを狙わなくても、常識で考えるぐらいで投資妙味のある選択肢はいくつか出てくるだろう。なにせ何もないわけだから、すべてが必要なのだ。

その中でもインフラ投資は基本で絶対に外すことはできない。東西ドイツの統一の際に西ドイツから東ドイツに行なわれた多額の援助も、インフラ投資がメインだったのだ。特に行なわれたのは、交通インフラの整備だったそうだ。

北朝鮮では、最近は燃料が調達できないから自動車の台数が少なく、木炭車と呼ばれる炭を燃料に走る車も現役で活躍しているようだ。そこから燃料の輸出入を見込んで自動車関連に目を付けるのも面白いが、その前にはやはり既存の道路の補修や新しい道路の建設に目を向ける必要があるだろう。また鉄道や橋、高速道路も同じことで、新幹線のような高速で移動する手段も必要になるだろう。特に韓国の首都ソウルから平壌のルートは何らかの大規模開発が行なわれることは容易に推察できる。

また、今はまったく自由ではないが、ネット環境も徐々に整うだろう。現在携帯電話やスマホの普及は五、六人に一人の割合のようだが、その数も増えるだろう。その他にも、上下水道や港湾、ダム、発電所など様々なインフラ設備が考えられ、それぞれに投資のチャンスが隠れていると言ってもよいだろう。

羽田・関空・中部から北朝鮮へ

インフラ投資が進むと、北朝鮮は今と様変わりするだろう。しかもそれは急ピッチの変化なので、変化前と変化後を比べると面白いかもしれない。具体的には、〝北朝鮮への視察の意味を込めた旅行〟である。

変化後はともかくとして変化前、つまり現在の北朝鮮に果たして旅行できるのかと訝しがる方がいるかもしれない。また、たとえ行くことができたとしても、無事に戻ってくることができるのか不安を持つ方もいるだろう。

現在、北朝鮮側は観光ＰＲに力を入れているが、各国によって対応が異なる。完全にアウトにしている国はアメリカだ。二〇一七年九月一日からアメリカは北朝鮮への渡航を完全に禁止した。現在、アメリカの国務省は北朝鮮への旅行に対して、「危険度レベル４　旅行禁止」として、その理由に「逮捕や長期間の拘束などの深刻なリスク」を挙げている。それでものっぴきならない理由から北朝鮮へ旅行せざるを得なくなった場合には、許可が必要なのは当然ながら、その旅行者に対して米国務省は次のような助言を行なっている。〝遺言状を作成しておくこと〟〝保険の受益者を指定しておくこと〟〝（自分の）葬式の計画を話し合っておくこと〟などである。旅行禁止という厳しい法が施行され、このようなおどろおどろしい警告がなされるのは、二〇一七年七月に北朝鮮で長期間（約一年半）拘束されていたアメリカの大学生オットー・ワームビア氏が昏睡状態で解放され、そのすぐ後に亡くなったことを背景にしている。

では日本はどうかと言えば、外務省が「渡航を自粛してください」としているため推奨することはできないが、実は意外と普通に旅行ができる。あまり知られていないが、北朝鮮旅行を専門とする旅行会社まで存在する。そのホームページを覗いてみると、四日間で約二〇万円、羽田や関空、中部から飛行機に乗って、北朝鮮の首都・平壌を堪能するプランになっている。

レトロな町から近代都市へ

実際に北朝鮮へ旅行しようと思った際、あらかじめ気をつけておきたい点は、ツアー中は、ほぼ自由がないということだ。北朝鮮に訪問すると、必ず現地の添乗員が付く。ツアー中はその添乗員の言うことをきちんと守る必要がある。もちろん、その添乗員同行には監視の意味が含まれている。

旅行する際に泊まるホテルは事前に決まっていて、日本から平壌に訪問する場合であれば「高麗ホテル」か「羊角島国際ホテル」が指定されることがほとんどらしい。どちらも北朝鮮における最高級ランク「特級」のホテルだが、ネットの口コミを見るとどちらも〝高級感はあるものの設備や内装が古い〟といったコメントが目立つ。それもそのはず、高麗ホテルは一九八五年、羊角島国際ホテルは一九八九年にそれぞれ建築されているので、両方とも約三〇年の月日が経っているのだ。

もちろん、今は新しい外資系のホテルは一切ないが門戸を開けばこぞって入ってくるだろう。前述の冗談の通り、トランプホテルが平壌に開業したとしても何ら不思議はないのだ。そしてその頃には、町は近代都市に変化しているだろう。今はホテルの空間から外の雰囲気までレトロなまるで日本の一九八〇年代ぐらいの様相だが、数年後は一変している可能性も高い。変化前と変化後を体感してみるのも一興かもしれない。

虎視眈々と狙う中国

市場を開放することで、北朝鮮だけではなく周辺国が潤うことも考えておいた方が良い。特に中国は北朝鮮との結びつきが強く、今でも北朝鮮を使ったビジネスチャンスを虎視眈々と狙っている。どれくらい結びつきが強いかと言えば、経済制裁が厳しくなった二〇一三年以降、中国への貿易依存率はなんと九割を超えているのである。

中国が狙う市場でまず挙げられるのは、北朝鮮の豊富な資源であろう。石炭や鉄鉱石、タングステンなど様々な鉱物資源が豊富で、しかもそれがまだ技術や燃料不足で十分に開発されていないのである。中国から見て垂涎の的である。現在、中国はオーストラリアから資源調達を行なっている。それが隣の北朝鮮から容易に手に入るとなれば、中国からすれば実に嬉しい限りである。もちろん、そのための交通インフラの整備もあると考えておいた方が良い。

また、金日成生誕一〇〇周年となる二〇一二年に向けてその数年前から平壌は建設ラッシュに沸いたそうだが、その際中国資本が多額の投資をしている。次に建設ラッシュを迎える時も、同じことが予想される。

第七章で具体的な投資銘柄を公開するが、いずれにしても北朝鮮というラストフロンティアは多くの投資のチャンスを抱えている。地理的にも近い日本において、それを見過ごすのはなんともったいないことか。皆様も、ぜひ注目して欲しい。

第六章　戦争になったらどう対処すべきか

「戦争とは、他の手段をもってする政治の継続」

一九世紀に書かれたクラウゼヴィッツの著書『戦争論』の冒頭で、戦争は以下のように定義されている。「戦争とは、敵をしてわれらの意志に屈服せしめるための暴力行為のことである」（ウィキペディア）――これについては異論の余地はなく戦争の本質を表現しており、一般的にもイメージしやすいであろう。

一方、この『戦争論』を読み進めるとクラウゼヴィッツは戦争に対して違った側面として以下の一節を述べている。「戦争とは、他の手段をもってする政治の継続である」（同前）――この言葉の意味するところは、すなわち戦争とは政治の延長線上にあり、経済活動とも切っても切り離せないことを指している。

戦争によって、ヒト・モノ・カネがドラスティックに動く一方で多くの尊い人命が失われる。戦争は多くの人間の運命を変え、経済環境をも劇的に変化させる。恐慌とは別の形で、ビジネスにも多大な影響を与える。昔からの相場（株式）格言に「近い戦争は売り、遠い戦争は買い」という言葉があるが、まさに第一次世界大戦は日本にとってそうした効果をもたらし、多くの成金（新興資産家）を生んだ。また、「遠い戦争」ではなかった朝鮮戦争は、日本では朝鮮特需を生んだ。本章では、過去の戦争と経済・投資にまつわる歴史を見てみよう。

戦争で大富豪に——ロスチャイルドとカーネギー

世界一の巨大財閥と言われる、ロスチャイルド家をご存じだろう。現在の総資産が一〜二京円とも言われる、とんでもない資産を持つ彼らだが、元々は一八世紀に地位の低いドイツの両替商からスタートしている。

一八一五年にナポレオン率いるフランス軍とイギリスやオランダなどの連合軍の間で起きた「ワーテルローの戦い」では、戦争と投資にまつわる有名な話がある。イギリスは当時、大量の国債を発行し戦争資金を集めていた。各国の投資家はイギリスが戦争に勝つであろうと予測し、投資を行なった。その後、イギリス率いる連合軍勝利が間違いないという情報を誰よりもいち早く知ったネイサン・メイヤー・ロスチャイルド（以下ネイサン）は、イギリスは負けたと嘘の情報を流し、自身が保有していた国債を一時的に売却をする。

独自の正確な情報網を持っていたことで知られていたネイサンの嘘を、投資家達はあっさりと信じ込んでしまった。そしてネイサン同様に国債を大量売却し、結果として価格はすぐに大暴落をする。その後、しばらくしてイギリスが勝利した事実が世間に伝わると、それまで暴落していた国債の価格が急上昇をすることとなる。他の投資家が嵌《は》められたと気付いた時には時すでに遅く、ネイサンは急上昇前に大量の国債を買い漁っており、そこで巨万の富を得たのだ。

始まりから終わりまで、情報を制していたネイサンの描いた思惑通りであった。「連合国はワーテルローの戦いに勝ったが、実際に勝ったのはロスチャイルドだった」という言葉もここで生まれている。

また、リンカーンの「人民の、人民による人民のための政治」という名演説が生まれた南北戦争（一八六一年～一八六五年）は、四年間で約一三万人以上の戦死者が出た凄惨な戦争だ。しかし、一方でその期間中に鉄鋼業の需要が大幅に高まっており、後に鉄鋼王と呼ばれ晩年には財団を作り、社会貢献にも注力したアンドリュー・カーネギーなどの大富豪がこの時期に生まれた。

米国の恐慌脱却のきっかけになった第二次世界大戦

第二次世界大戦が米国に与えた影響は多様であり、また広範囲にわたっている。軍需産業を活性化させた一九四一年制定の武器貸与法だけでなく、経済が活性化された結果、航空産業やエレトロニクス産業もこの時期に起こっている。また失業率で見てみると、恐慌が始まった一九二九年からの一〇年間、平均して約一三・三%の失業率だったが、戦争による雇用拡大から、その後の一九四一年には一%台にまで急激に下がっている。

ＧＤＰに関しても一九二九年から一九四五年の間に約二倍にまで伸びている。

一九三〇年からフランクリン・ルーズベルトが恐慌の対策として行なった

「ニューディール政策」については、検証がされる前に戦争が起こり米国の景気が上がったため、その政策が成功だったのか失敗だったのか今でも議論され様々な意見が出ている。

本土が攻撃されることのなかった米国にとって、第二次世界大戦は大変経済メリットの大きなものだったのだ。

戦争は経済と相場にどう影響してきたか

「強気相場は悲観のもとで生まれ、懐疑の中で育ち、楽観とともに成熟し、熱狂とともに消え行く。最も悲観的な時が買い時であり、最も楽観的な時が売り時だ」――投資家ジョン・テンプルトンの有名な言葉である。テンプルトンは一九一二年にテネシー州で産まれた長期投資を基本姿勢とした著名な投資家だ。彼は、第二次世界大戦中に米国で一ドル以下の箸にも棒にもかからないと思われていた約一〇〇の銘柄に投資を行なった。一九三九年頃の米国はまだ恐慌から立ち直っておらず、株価は下落を続け市場は悲観的な状況であった。

そういった中、彼は戦況を先読みし、第二次世界大戦が始まったその日に株のブローカーに株購入の連絡を行なっている。結果として、その投資に彼は成功し、富を得ることになった。

日清・日露戦争に勝利したが……

朝鮮半島の独立を名目とした日清戦争は、一八九四年七月に豊島沖で交戦が始まり同年八月には日清両国が宣戦布告、その後一八九五年三月に日本が遼東半島を制圧し約八ヵ月という期間で勝利を収めている。戦後処理として日本は、清から賠償二億両（約三億円）、遼東半島報酬金三〇〇〇万両（四五〇〇万円）などを得ている。

その資金を元に日本は、軍備拡張や鉄道網・道路網のインフラ整備、日本初の一貫製鉄所である八幡製鉄所の設立などを行なった。それ以外にも、戦後日本は金本位制へ移行し、近代的な通貨制度を開始している。

この期間での株価はどのように推移したかというと、戦前戦中はほぼ横ばいであり、戦後の下関講和条約が結ばれた後には一時的な上昇をした。しかしその後には、また以前の数値に戻っている。戦争の影響をさほど受けてはいないようだ。戦果で得た賠償金は、その当時には個人の消費拡大にはつながっておらず、民間レベルでの資本の蓄積があまり進んでいなかった結果と言える。

日清戦争の九年後、今度は朝鮮半島などの東アジアの利権を巡って日本とロシアが対立し、日露戦争（一九〇四年二月～一九〇五年五月）が起こる。一九〇四年二月、旅順港にいたロシア旅順艦隊に対する日本海軍駆逐艦の奇襲攻撃がきっかけで戦争が始まった。

その後、両国は日本海海戦（対馬沖海戦）などを経た後、アメリカのセオドア・ルーズベルト大統領が外務大臣小村寿太郎から要請を受け、一九〇五年六月六日に日本・ロシア両国に対し講和勧告を行なった。ロシア側は、その六日後の十二日に公式にその勧告を受諾している。この時に結ばれたポーツマス講和条約により、遼東半島ロシア租借地・東清鉄道ハルビン支線の権利などを得た日本であったが、日清戦争とは違い賠償金などは得ておらず、獲得した権限も少なかった。

ちなみにこの日露戦争において、当時日本銀行副総裁の地位にあった高橋是清が、外務大臣小村寿太郎の指示を受けて資金調達に奔走している。高橋は、世界の投資家相手にロシアと戦争をする正統性についての明確なプレゼンを行なっていた。その結果、投資家を納得させ日本がロシアと戦争をするだけの十分な融資を得ている。そこで戦費としてまかなった借金は、約八〇年後の一九八六年（昭和六一年）に完済されている。

一方、この期間の株価はどうだったのであろうか。日清戦争同様に戦前および戦中当初の株価は横ばいであった。しかし、その後に日本海海戦で日本がバルチック艦隊を撃破し、戦勝ムードの機運が漂った頃から上昇を始めている。株価のピーク時には、戦前の八倍にまで高騰したとも言われている。この株価高騰により、多くの富豪が誕生する結果となった。

敗北した太平洋戦争、特需に沸いた朝鮮戦争

一九三九年九月、ドイツ軍がポーランドに侵攻したことによって第二次世界大戦は始まった。その後、日本、ドイツ、イタリアの三国同盟が結ばれて太平洋戦争（一九四一年一二月～一九四五年）へとつながって行くのだが、この頃の株価はどのように推移していたのか。

太平洋戦争開戦時、一四〇円前後だった株価は終戦時には二〇〇円前後の値を付けている。意外にも、値幅は大きく崩れてはいない。一九三八年に国家総動員法が制定され国としては情報統制がされていた。その中で、真珠湾攻撃など日本にとって戦局が有利に働いているというニュースが株価に良い影響を与え、一時的に上昇までしている。そして、その後のミッドウェー海戦での敗北やガダルカナル島の撤退など戦局不利の情報は、国民には伏せられていた。だが一九四三年になると戦局の悪化が国民にも明らかになり始めて、株価は下落

している。ただし、この太平洋戦争の期間は、日銀の国債直接引き受けなどによる政府の下支えが行なわれていたため、株価の大幅な下落にはならなかった。しかし、そのツケが戦後のハイパーインフレの要因となっている。

朝鮮戦争（一九五〇年六月～一九五三年七月）は、米国とソ連の代理戦争などと呼ばれている。当時、北朝鮮軍が突如宣戦布告もなく三八度線を越えて攻撃を始めたことがきっかけとなった。

日本はこの朝鮮戦争前までは太平洋戦争の戦後処理とＧＨＱ主導の緊縮財政によって激しい不況となっていた。一九五〇年七月には、日経平均株価史上最安値の八五・二五円を記録している。新しく株を購入した投資家が、戦時中に発生した企業の不良債権処理の損失を引き受けるということも一部の企業では起こっていた。

朝鮮戦争開戦直後の日本では、自国としての損害リスクだけでなく、経済にどの程度の影響を与えるのか不透明だったことから、リスク回避の動きとなり株は売られていた。しかし、実際に戦争が始まると日本への戦争の被害はほとんどなかったことと戦争特需により、日本経済は好景気へと向かった。そして、戦後の大復興が始まる。そしてここから日経平均は、一九八九年年末の三万八九一五円へ向け長期上昇トレンドに入ることとなる。

朝鮮戦争勃発直後の八月には横浜に米国司令部が置かれ、主に直接調達方式により大量の物資が買い付けられた。その内容は約七割が物資調達で、当初は土嚢用麻袋・軍用毛布および綿布・トラック・航空機用タンク・砲弾・有刺鉄線などが多かったが、一九五一年七月の休戦会談開始以降は鋼材・セメントなど韓国復興用資材の調達が増大した。サービスでは、トラック・戦車・艦艇の修理、基地の建設・整備、輸送通信などが過半を占めていた。

二一世紀以降の戦争とテロリズムの影響

日本が当事国ではない戦争だが、近年に起きた戦争と事件も見ておこう。

二〇〇二年の一般教書演説でジョージ・W・ブッシュ大統領が「イラク、イラン、北朝鮮は大量破壊兵器を保有するテロ支援国家である」と名指しで非難した。そして、その破壊兵器保有が世界の安全を脅かすこと、そしてまたフセインの弾圧からクルド人を解放する等々の名目から始まったのがイラク戦争（二〇〇三年三月～同年五月）であった。

開戦前は、米国経済に悪影響が出るとの予測から日経平均株価は値下がりを見せていた。この頃の株価は、二〇〇〇年にＩＴバブルが発生し二万円台を超えていたものが、バブルが弾け八〇〇〇円台にまで値下がりをしている。約二ヵ月で連合軍の圧倒的勝利に終わったこの戦争だが、空爆を開始した三月一七日の終値は七八七一円、四月二八日には七六〇七円の値を付け、バブル崩壊後最安値となった。その後、戦闘終結宣言をした五月一日の終値は七八六三円となっている。しかし、その五日後の五月六日以降は八〇〇〇円台に値を戻しており、その後も上昇している。「戦争によってこれ以上の悪化はない」と市場が判断した結果が株価に反映されたと言えよう。

公安調査庁のホームページによると、二〇一八年年初から五月一四日までの五ヵ月間に全世界で起きたテロ発生の件数は三〇件になるという。そのテロによっての死亡者数は約五〇〇名、負傷者数は一〇〇〇名を超えている。

二〇一五年に起きたパリの同時多発テロなどは世界に衝撃を与えており、その時の映像を今もまだ記憶に残っている方も多くいるであろう。テロ自体はここ数年で減少傾向にあるが、それでも平均して毎年、年間二万人弱がその被害に遭っている。

テロリズムは、経済にどれほどの影響を与えていたのか。近年では最大規模の二〇〇一年に米国で起きた9・11同時多発テロでは、死亡者数三〇二五人、負傷者数六二九一人という大惨事が発生、ワールドトレードセンター・ツインタワーが崩壊した。今も人々の脳裏にその崩壊や旅客機突入の映像がこびり付いていて忘れられない人も多いと思うが、実はこの事件は実質GDPで見ると経済への影響はほとんど与えなかったと言える。米国の二〇〇一年第四四半期の成長率はプラス二・七%で、事件前の成長率に復帰している。

確かに、事件直後には全米のショッピングセンターやレストランは少なくとも二四時間以上閉鎖され、株式市場も四日間は取引停止となっている。短期間での経済への影響は少なくなかったはずだ。しかしその後数日で消費者活動や事業活動は通常通りに戻り始めたため、中長期的な影響はなかったとされる。

一方、日本で起きた最大のテロ事件と言えば、一九九五年三月に起きた「地下鉄サリン事件」が思い起こされる。この事件では死者一三名、負傷者五八〇〇名を出しているが、その当時の株価を見てみるとやはりその影響を受けていないと判断される。

学術的な検証を行なっているわけではなく、個別の損失を考慮しているわけではないために一概には言えないが、テロリズムが経済全体に与える影響は、少ないと言えよう。

戦争もテロも株価暴落や経済悪化の要因にならない

「戦争が始まると株価が大暴落する」というのが一般的な考えなのかもしれな

い。先ほども触れたが、相場の格言には「近い戦争は売り、遠い戦争は買い」などというものもある。しかし過去の戦争においての株価を振り返ると、一概にそうとも言えないのだ。

もし、米朝戦争となれば当然、軍事銘柄は高騰するだろう。米国で言えばわかりやすいところではボーイング社やロッキード・マーチン社、ノースロップ・グラマン社といったところだ。ちなみに、これらの株価は二〇一七年は急騰したが、二〇一八年に入ってからは足踏み、または軟調に転じている。北朝鮮情勢をわかりやすく反映しているのだ。

戦争は巨大な消費を生む。もうける企業は大もうけする。新しい時代の戦争では、ＡＩ関連企業も活躍することは間違いない。国際情勢とともに、そういう企業動向に目を光らせておくことが、相場でもうけるポイントと言えるだろう。

今回の北朝鮮問題において、私たち日本人が今後戦争に対峙する可能性がないとは言い切れない。その時に時勢を見誤ることなく、「相場は狂せり」という視点も参考にしながら対処をしたいものである。

第七章

北朝鮮銘柄全公開

北朝鮮銘柄を見逃すな！

前章までで北朝鮮の国情、米朝会談以降のシナリオ、経済成長のポテンシャル、さらにいろいろな角度から北朝鮮の潜在力を見てきた。拉致問題やそれに絡む経済制裁といった事情によって、私たち日本人は北朝鮮という国に相当な負のイメージを持っており、それを拭うことは決してできないが、一方で経済というまったく別の視点で光を当て直せば、意外にも魅力的な投資機会が眠っていることがよくわかる。

政治的問題はもちろん解決に向けた努力が必要だが、それを理由にチャンスをみすみす逃すのは実にもったいない。それに日朝の経済交流が、政治問題の雪解けを促す側面もあろう。では、私たちがそれを活用するにはどうしたら良いか。北朝鮮との国交が正常化し、経済的交流が再開された暁には直接投資のチャンスもあるだろう。

しかし、直接投資ができるまで待っていては、いちばん「美味しい」ところを完全に逃してしまうことになる。となれば、やはりもっとも注目すべきは株式投資だ。南北統一、非核化シナリオに関連した銘柄への投資がもっとも早く、そして効果的だ。作戦としては、第二章で挙げた開国・和平シナリオ、あるいは逆に戦争シナリオのいずれか、つまり現状からの大転換に反応して動意づく株式銘柄を狙い撃ちすれば良い。

特に本章では、南北和平の実現によって恩恵を被る銘柄を「北朝鮮銘柄」と位置付け、どのような銘柄が有望かを一挙に公開する。日・米・韓など日本人がアクセス可能なマーケットに潜む「北朝鮮銘柄」にはどのようなものがあるのか。今後の「北朝鮮」をテーマとした投資の参考にしていただきたい。

「北朝鮮銘柄」――日本編

まず、今一度「北朝鮮銘柄」選定のキモとなるポイントを整理しよう。ここまで紹介してきた通り、北朝鮮には豊富な地下資源が眠っているとされる。しかしながら、十分な技術力がないため採掘や精製ができず、また関連設備や機材類も著しい老朽化で生産性が極めて低い。しかし、それは言い換えれば北朝鮮が経済開放後に手っ取り早く外貨獲得するには絶好の機会ということだ。鉱山開発の設備や機材への投資が急激に起こり、採掘した地下資源がその投資に大きな収益をもたらすことだろう。

社会インフラの整備も急務となる。広範にわたる「絶電地域」があるとされる北朝鮮だが、韓国並みの電力水準にするためには、発電施設のみならず送配電のインフラ整備も急務となる。通信網の整備も焦眉だ。インターネット回線の整備や、スマートフォンなど移動体通信のインフラ整備も進むこととなる。上下水道や鉄道、道路などの社会インフラ整備も進むが、これらは一〇年単位の長期プロジェクトとなるため、目先の投資収益には直結しないかもしれない。

また、極めて安い労働力も注目に値する。かつて、日本企業が安い労働力を求めて中国や東南アジアに生産拠点を移したように、当然ながら北朝鮮への生産拠点進出を図り、コスト削減を目指す企業が数多く出てくるだろう。

観光産業関連にも注目したい。北朝鮮は山地が多く海岸線が長い国で、四季もはっきりしている。首都平壌だけでなく、朝鮮半島初の統一国家である高麗の首都であった開城、美しい自然と仏教関連の仏閣群で有名な金剛山、「革命の聖山」呼ばれ北朝鮮国民に親しまれている白頭山など、見どころにも恵まれている。何より、日本から近い点が魅力だ。直行便が飛べば三時間強で行ける距離で、北京よりも近いのである。また、観光したことがある日本人が極端に少ないことから、物珍しさもあって一大観光地に発展することも十分考えられる。

こうした要素を勘案すると、いくつかの注目銘柄が浮かび上がってくる。それらのうちのいくつかをピックアップしてみよう。

■地下資源関連

地下資源開発は非常に大きなプロジェクトであり、調査から採掘、精製、輸送、輸出などの商取引、それらに付帯する設備や機材など投資機会は非常に裾野が広い。また、当事国のみならず利害関係が絡む各国政府当局との交渉も極めて重要となる。それらの、どこに注目して投資するのかが非常に難しくもあり、また醍醐味にもなってくる。

日本企業が活躍する分野としては、採掘や精製、あるいは付帯設備や建機などが有力とみられる。一方で、プロジェクト全体を統括する役割は海外の資源メジャーなど有力企業群に、やはり分があると見るべきだろう。

採掘や精製といった分野では、「住友金属鉱山（５７１３）」が注目だ。住友金属鉱山は「世界の非鉄リーダー」を長期ビジョンに据え、金、銅、ニッケルの生産に注力する企業だ。北朝鮮には多様な鉱物資源が眠ると言われるが、その中には銅や金も含まれる。同社の得意分野を生かした攻勢が期待できる。

建設機械の分野では、やはり「コマツ（６３０１）」が最有力だ。米キャタピラーに次ぐ世界第二位の建機メーカーで、建機の遠隔監視により機械を売った後のサービスでも稼ぐという、非常に先進的な取り組みを行なっていることでも有名だ。ブルドーザーやダンプトラック、油圧ショベルから坑内を掘り進むマイナーと呼ばれる機械、また鉱山専用仕様の機械などを幅広く取り扱う、まさにリーディングカンパニーである。鉱山開発が動き出せば、必要となるのがこうした専用機械となるため、ビジネスチャンスは極めて大きい。

また、北朝鮮の市場開放をテコとして海外進出が期待されるのが「古河機械金属（５７１５）」だ。コマツに比べれば企業規模は小さいが、削岩機では国内シェア首位を誇る有力企業だ。近年では海外展開にも注力しており、北朝鮮の鉱山開発による恩恵にあずかれる可能性も大いにあるだろう。

■現地生産拠点関連

海外に生産拠点を持つ企業としては、「ユニクロ」を展開する「ファーストリテイリング（９９８３）」、同じく衣料品大手の「しまむら（８２２７）」などがある。ただこれらの企業は北朝鮮への生産拠点移転が直接、企業価値の向上ひいては株価の大幅上昇に直結するとは考えにくい。もちろん、短期的にはニュース性から株価が反応する可能性はあるだろうが、大きな恩恵を受けることはそれほど期待しない方がよいだろう。

ただ、少々目先を変えると別の可能性が見えてくる。たとえば、海外生産のみならず海外への店舗展開で今後のビジネス拡大が期待できる企業だ。「良品計画（７４５３）」がその一例だ。無印良品やＭＵＪＩブランドの店舗・商品を展開する小売企業である良品計画は、元は西友のプライベートブランドから始まったが、現在では完全に独立ブランドとして日本のみならず海外展開も行なっている。

良品計画では、海外への店舗展開と並行して海外への生産拠点への生産委託を進めている。また、ＭＵＪＩブランドは中国の若年層に人気が高い。そのため、同社では更なる売上拡大を見込んですでに中国で展開中の店舗の五倍の大きさの大型店舗を大幅に増やし、攻勢をかける予定だ。中国の労働力は年々値上がりしているため、今後北朝鮮に生産拠点を構えることで更なるコスト削減が見込まれる。また、ゆくゆくは新たな市場として店舗展開して行くことも見込まれるだろう。

■観光関連

一時期、韓国への旅行が大ブームとなったが、恐らく北朝鮮も同様にいずれブームが到来するだろう。そうなれば、現地への観光が盛んになる。しかも観光業は日本人相手の商売であるため、海外の競合企業というものがほとんどない。日本国内での需要の高まりが、そのまま観光業各社の業績につながるのだ。

そこで、まずなんと言っても筆頭に挙げられるのは業界第三位の「エイチ・アイ・エス（９６０３）」だ。同社は、創業者の澤田秀雄氏が海外旅行を格安に提供すべく起業した会社で、海外旅行販売に強みがある。澤田氏はハウステンボスの再建にも辣腕を振るい、またロボットをスタッフに起用した「変なホテル」を運営するなど、話題性の高いアイデアを次々と実現させることでも有名だ。北朝鮮の渡航自由化の暁には、必ずや面白いアイデアを引っ提げて私たちを楽しませてくれるだろう。

さらにネット専業の「旅工房（６５４８）」は、カスタマイズツアーを提案するコンシェルジュサービスというユニークな取り組みを行なう旅行会社だ。海外ツアーも豊富に取り揃えており、アジア圏の主要国や都市はほとんど押さえている。新婚旅行や世界遺産巡り、ひとり旅などのテーマ別や予算に応じたカスタマイズプランの提案も行なってくれるとあって、利用者の満足度が高いという評価もある。

続いて、豪華客船で移動しながら様々な寄港地を敢行するクルーズ旅行を専門とする旅行会社が「ベストワンドットコム（6577）」だ。二〇一八年四月二五日に東証マザーズに上場した新興の旅行会社であるが、クルーズのコース数では国内第一位を誇る。実はこの会社の創業者である澤田秀太氏は、エイチ・アイ・エスを創業した澤田秀雄氏の長男で、いわば旅行業界のサラブレッド的な人物だ。日本では余裕資産を持つ高齢者層で消費の多様化が進み、余暇の過ごし方も実に様々なものが広まってきた。中でもクルーズ旅行は、いわゆるパックツアーよりも全体的に割高ながら時間をかけてゆっくりと旅をし、豪華な船内を堪能するという楽しみ方を提供し、特に高齢者に人気だ。すでに韓国に寄港するツアーがいくつも存在するが、これに北朝鮮へのクルーズも加われば更なる需要が見込めるだろう。様々な意味で、注目すべき会社である。

観光関連銘柄の最後は、旅慣れた旅行者向けの企画旅行に強みを持つ「ユーラシア旅行社（９３７６）」だ。他社に比べて高価格帯であるものの、「秘境に強い」という評が付くほど、普通のツアーでは訪れない場所や体験できないものを扱う点が面白味だ。イスラム圏の世界遺産などを訪れるツアーや南極ツアーも開催しており、普通の旅先は一通り回ったという人にも満足度が高い。北朝鮮は多くの人にとって未知の国であるから、同社の強みは大きいと言える。

■その他

この他にも、少々変わり種だがチャンスがありそうな銘柄を見て行こう。

西日本での海運や、外航海運、倉庫業を営む会社が「兵機海運（９３６２）」だ。実はこの会社、以前子会社（現在は解散）を通じて北朝鮮との交易を行なっていた経緯があり、航路に関して十分な実績を積んでいる。経済開発によって鉱物などの輸送が始まれば確実に海運需要は高まるが、この時経験のない海運企業に先んじて事業を開始できるという強みは計り知れないだろう。

さらに、壁紙や防虫網で国内首位のメーカーが「ウェーブロックホールディングス（７９４０）」だ。現在はインテリア商社の「サンゲツ」の関連会社として海外向けにも生産を行なっている。親会社のサンゲツは、国内の住宅、不動産関連市場の頭打ちを受けて海外展開を加速させており、特に中国をはじめとしたアジア諸国のマーケット開拓に期待を寄せている。

北朝鮮での不動産・住宅投資が加速すれば、インテリア関連資材の需要も大幅な伸びが見込めるため、資材メーカーにとっては千載一遇のチャンスとなりうるだろう。特に同社は、二〇一七年四月の上場以降、市場からの資金調達で財務強化も図られているため、これからの伸びしろに期待が持てる。

「北朝鮮銘柄」――米国編

次に米国を見て行こう。南北統一に向けた交渉において、米国はある意味で当事者であり、その影響力は極めて大きい。また、トランプ大統領は当然のこととして一連の交渉を通じて米国経済への波及効果という果実をも狙っている。本人から直接そうした言葉は出ていないが、米政府首脳陣からは非核化後の経済についての言及がなされている。

米朝首脳会談に先立つ二〇一八年五月一三日、ポンペオ米国務長官は米民間企業による北朝鮮投資を認める可能性に言及した。非核化の見返りとしての経済支援の主体について、「起業家や資本家ら民間資本だ。米国の納税者ではない」と発言、米国政府は直接支援しないが、民間企業による投資認可という形での支援があり得るとしたのだ。分野としては電力インフラの整備や農業支援といった、喫緊の北朝鮮国民の課題に直結する分野を挙げている。

このことはつまり、米国はＯＤＡや借款などによる支援はしないと明言しているともとれる。あくまで民間の自由競争の中で、北朝鮮の市場に魅力を感じた事業者が自己の資本と責任において事業展開することを止めない、という意味でもあり、米国企業群の中でこの新興マーケットに関心を寄せる企業がどれだけあるかはある意味まったくの未知数である。

ただ、まったく無関心かと言えばそうでもないだろう。ポンペオ氏は電力インフラなどエネルギー供給網の構築支援を言及しており、確かにこの分野への米民間企業の参入は十分に考えられる。

■電力・エネルギー分野

米国の電力産業は市営事業者（二〇〇〇社程度）、連邦営事業者（九社）、地方公営事業者（二〇〇〇社程度）、協同組合営事業者（約九〇〇社）によって構成される。また近年ではＩＰＰ（独立系発電事業者）なども参入している他、スマートグリッド（次世代送電網）に参入するＩＴ系業者もあるため、一口に電力産業と言ってもそのすそ野は広い。送電分離化は完全にはなされておらず、電力小売り化も州ごとに対応が異なっている。となると、米国が北朝鮮にどのような電力インフラ支援を進めるのかが見えてこないと、どの企業が有望なのかが見えてこないのだ。

また、北朝鮮の電力政策がどのように変化して行くのかも極めて重要だ。当然ながら、現在の北朝鮮の電力事業は発電から送電、配電に至るまですべて政府管理となっているが、市場開放によって国外の事業者を呼び込むことになれば、恐らく発電、送電、配電の分離が進められることになるだろう。

すでに韓国では、一九九八年の通貨危機の際にＩＭＦが乗り込み、電力部門の分割民営化が進められ、発電と送配電が分離している。南北統一のロードマップを考えれば、北朝鮮においても発電・送配電一体ではなく、各々が分離した形での事業推進が行なわれるだろう。

となると、米国がまず進出をするのは発電分野となる可能性が高い。送配電は初期投資の大きさに対する回収のバランスが難しく、メンテナンスにも相当の体力が必要となる。過疎地域のカバーなど、公共事業的な側面も強く、現地労働者を雇い入れるなどの労使問題も懸念される。こうした点を考慮すれば、参入障壁が低いのは発電分野となると考えられる。

さて具体的銘柄だが、米国で電気関連事業を営む上場企業はいくつかの代表的企業があるものの、日本の九電力体制のように寡占市場にはなっていない。その中で、いくつかの注目企業をピックアップしよう。

まず考えられるのが、発電事業者として進出が見込まれる「エクセロン（NYSE：EXC）」だ。原子力発電所の運営による発電事業が主力で、有名な原発事故を引き起こしたスリーマイル島原子力発電所もこの企業の所有だ。地下資源が豊富とされる北朝鮮だが、ウランの埋蔵量も相当なものがあるとされ、一説には確認埋蔵量一位のオーストラリアを上回るという説がある。核資源の平和利用という目的にも合致する原発事業は、十分誘致の可能性があるだろう。

「AES（NYSE：AES）」は、米国東部のバージニア州に本拠地を置く公益事業会社で、米国内外で事業展開を行なっている。一九九〇年代には米電力企業で初めて中国市場に参入も果たしており（現在は撤退）、北朝鮮の市場開放に際してもその事業性を見極めて投資を行なう可能性は十分にあるだろう。

違う角度で見て行くと、「センプラ・エナジー（NYSE：SRE）」も面白いかもしれない。カリフォルニア州とテキサス州を中心とした電力会社で、天然ガス供給における米国最大級の公益事業会社だ。ＬＮＧ（液化天然ガス）事業では日本郵船、三菱商事、三井不動産なども出資するプロジェクトを推進し、日本へのＬＮＧ輸出も予定している。

天然ガスについては、ロシアも豊富な産出量を誇り北朝鮮市場への入り込みを狙っているが、現在の交渉のパワーバランスとも相まって、電力事業とＬＮＧ輸出のからめ手で進出を図る可能性も十分あるだろう。

■農業分野

エネルギー分野だけではない。ポンペオ氏は農業分野についても米国民間企業による支援（進出）を示唆しており、それら銘柄についても可能性が検討される。特に、南北統一によって韓国の食文化が北朝鮮に広まれば、必然的に現在韓国が輸入している食料品の輸入量が増大することが想定される。韓国の食糧自給率は四一％で、また輸入品目構成も比較的日本と類似している。

このうち、米国からの主要輸入品目は牛肉・豚肉、小麦、大豆などであり、これらの品目については輸入量の純増が期待できるわけだ。こうした「北朝鮮ディール」によって、恩恵が期待できる米国の上場企業を探って行こう。

まず、牛肉や豚肉など食肉を見てみよう。米国の畜産業のうち、輸出に関わるのは食肉処理加工企業である。米国では「パッカー」と呼ばれ、タイソンフーズ、エクセル、ＪＢＳ、ナショナルビーフパッキングの四社（四大パッカー）がシェアの八割を占めている。これら企業のうち、米国に上場しているのは「タイソンフーズ（ＮＹＳＥ：ＴＳＮ）」のみとなっている。エクセルは米穀物メジャーのカーギル傘下で非上場、ナショナルビーフパッキングも非上場である。ＪＢＳは世界最大規模の牛肉加工メーカーであるブラジルの「ＪＢＳＳ・Ａ・（サンパウロ証取：ＪＢＳＳ３）」傘下で米国では上場していない。

では、これら企業にとって北朝鮮の市場開放がどの程度のインパクトを与えるのかを検討してみよう。参考のために隣国である韓国の状況を見てみると、実は米国産牛肉の輸入量は日本、メキシコに続く三位で、米国にとっては「上顧客」なのだ。韓国料理と言えば「焼肉」がすぐ思い浮かぶが、その肉は実は米国からの輸入に頼っているのである。さらに、その量は年々増加している。一九八〇年から二〇一〇年までの三〇年間で、韓国人の年間肉類消費量はなんと三・七倍にも増えているのである。こうした事情を勘案すると、南北統一によって朝鮮半島の約七五〇〇万人に肉食文化が広がれば、米国の食肉業界にとっては朝鮮半島への貿易額が現在の一・五倍（今後の増分を加味すればそれ以上）にまで膨らむ可能性があるのだ。これは大きなディールと言えるだろう。

肉類の輸出増大は、貿易赤字が膨らむ米国にとって極めて重要な案件であり、政権基盤を安定させる国策である。国務長官が、わざわざ「朝鮮国民が『肉を食べ、健康な生活を送れるよう』にするための農業投資も提案した」（ＢＢＣ二〇一八年五月一四日）こともうなずけるというものだ。

次に穀物について見て行こう。穀物については、「五大穀物メジャー」が世界の穀物流通の七割から八割を取り扱う寡占状態である。中国などの新興市場の興隆によって、食糧資源をめぐる競争は熾烈を極め、買収などでたびたび穀物メジャーの勢力図は塗り替えられてきた。

現在の穀物メジャーは、次の五社と言われる。
・アーチャー・ダニエルズ・ミッドランド（通称ＡＤＭ　米国）
・ブンゲ（Ｂｕｎｇｅ オランダ）
・カーギル（Ｃａｒｇｉｌｌ 米国）
・ルイ・ドレフュス（Ｌｏｕｉｓ Ｄｒｅｙｆｕｓ フランス）
・グレンコア（スイス）

グレンコアを除く四社は、その頭文字を取って「穀物メジャーＡＢＣＤ」とも呼ばれる。ただ、この勢力図も塗り替えられつつある。日本の総合商社丸紅が米国第三位のガビロンを二〇一三年に買収し、首位のカーギルに次ぐ第二位の取扱高となったのである。日本の一部メディアでは丸紅を穀物メジャーとして扱い始めており、将来的に世界の穀物需給の一角を担うと期待されている。

これらのうち、米国で上場しているのは「ＡＤＭ（ティッカーコード：ＡＤＭ）」「ブンゲ（ティッカーコード：ＢＧ）」の二社のみである。カーギルとルイ・ドレフュスは非上場企業であり、また「グレンコア」はロンドン（ＬＳ

Ｅ：ＧＬＥＮ）と香港（ＳＥＨＫ：０８０５）に上場している。

さて、南北統一が順調に進み北朝鮮が市場開放した場合、こうした穀物メジャーにとってはどの程度のビジネスチャンスになるだろうか。第一章では、ノムラ・インターナショナルのアジア責任者の南北統一が決まった場合の注目銘柄を紹介したが、私は率直に言うと株価に影響するまでの大きなインパクトは期待できないとみている。その理由は、北朝鮮の市場規模が穀物メジャーにとっては魅力的でないためだ。

非常に大ざっぱな試算をしてみよう。日本の主要穀物（小麦・トウモロコシ・大豆）の輸入量は、おおよそ二五〇〇万トン弱（二〇一六年 財務省貿易統計）である。仮に北朝鮮が日本と同程度の食糧輸入を行なうとすれば、人口比で約六分の一になる（日本一・三億人、北朝鮮二五〇〇万人）ため、四〇〇万トン程度となるだろう。もちろん、そのすべてを米国のメジャーが独占できるわけではない。仮に半分の二〇〇万トンを米国穀物メジャーが取り扱うとすると、一社あたりの「北朝鮮ディール」は高く見積もっても数十万トン程度となるだろう。先述した丸紅のガビロン買収時（二〇一一年度）、二社の穀物取扱量の合計は四〇〇〇万トン規模と言われたが、それと比較すると北朝鮮のディールはわずか一～二％程度である。景気や気候変動による需給増減によって、簡単に呑み込まれてしまう程度ということだ。となれば、北朝鮮の市場開放によるビジネス拡大は非常に限定的と言わざるを得ない。

ただ、短期的に見ればこうした銘柄に「思惑買い」が集まる可能性もあるだろう。あくまで、ちょっとした「お楽しみ」として検討するのがちょうど良いように思われる。

■番外編

はじめに断っておくが、これはかなり「話のネタ」的な銘柄である。第一章で触れた通り、存外実現するかもしれないのが、「マクドナルド（NYSE：MCD）」の平壌出店による波及効果だ。意外に思われるかもしれないが、米朝会談が進展すれば平壌の経済開発区に米国のハンバーガーショップができる可能性があるのだ。

「ＣＩＡの新しい報告で、北朝鮮には短期的に核兵器を放棄する意思はないが、平壌にファストフードチェーン店をオープンすることで、一定限度の外国投資を受け入れる準備が整ったことを表明する可能性があると推測された」――米ＮＢＣの二〇一八年五月三〇日付の報道によると、三人の米官僚の話としてこのような話が出たという。もちろん、あくまで米官僚の話だが、実はトランプ大統領もたびたびツイッター上で「北朝鮮とはハンバーガーを食べながら話をしたい」という旨のコメントをしている。しっかりと伏線が張られているのだ。

もちろん、これだけだと単に「ハンバーガー屋」というだけで、マクドナルドと特定できるわけではない。しかし、マクドナルドと指定するには理由がある。前述のトーマス・フリードマンが提唱する「紛争防止の黄金のＭ型アーチ理論」である。「ある国の経済が、マクドナルドのチェーン展開を支えられるくらい大勢の中流階級が現れるレベルまで発展すると、その国の国民はもはや戦争をしたがらない。むしろ、ハンバーガーを求めて列に並ぶ方を選ぶ」。つまり、マクドナルドのある国同士は、戦争を行なわないという主張である。

バカバカしいとお思いかもしれないが、あながち見当外れでもないだろう。実際、旧ソ連崩壊後にいち早くモスクワに出店したのはマクドナルドであった。ある意味、米国との経済交流の先鞭的企業がマクドナルドと言えるのだ。

はじめに断った通り、あくまでこれは「ネタ銘柄」である。もし動意づいたら楽しいだろうから、一つの洒落としてこうした銘柄に注目するのも一興だ。

「北朝鮮銘柄」——韓国編

北朝鮮と直接国境を接し、元々は民族的にも同一だった韓国は、南北統一による経済的な影響をもっとも大きく受ける国となる。もちろんそれは、経済発展という良い側面だけではなく、統一コストによる経済の停滞という負の側面も大いに含まれるだろう。ただ、こと株式投資に関して言えば、恩恵を被る銘柄が多く生まれるだろうことは想像に難くない。

ただ、そうはわかっていても私たち日本人にとって、韓国企業に投資するのは実は思った以上にハードルが高い。まず、韓国の株式市場へのアクセスが対米国ほど確立していない。国内ではSBI証券が五〇銘柄ほどを取り扱っているが、それ以外の銘柄を取引するには韓国国内の証券口座を持つ必要がある。もちろん、観光ついでにちょっと証券会社で口座を開くということも容易ではないし、言葉の壁も立ちはだかる。また、韓国といえば財閥企業による寡占市場というイメージだが、より詳しい情報を取ろうと思うとかなり専門的な情報源に当たる必要がある。これからちょっと取り組むには、なかなか手出しがしづらいというのが実情だろう。

ただ、こうした課題をクリアできれば、かなり魅力的な投資機会が転がっていることも確かだ。二〇一八年四月には、野村證券を擁する野村ホールディングス傘下の海外子会社　ノムラ・インターナショナルが南北統一時向けの「株式購入リスト」なるものを発表した（ブルームバーグ二〇一八年四月一八日付）。銘柄選定の根拠はそれほど目新しいものはないが、それでも選ばれている銘柄自体は参考になる部分も多い。それぞれ解読して行こう。

「斗山（ドウサン）インフラコア（ＫＲＸ：０４２６７０）」は、重工業を中心とした斗山グループの一企業で、建設機械や工作機械、特殊輸送機、産業車両などを扱う会社だ。建設機械市場では二〇一六年に売上ベースで世界六位に付け、三・八％のシェアを占めている。二〇二〇年には、世界シェア第一位のキャタピラー、第二位のコマツに続く第三の世界的建機メーカーとなるべく躍進を続けている。南北統一によって北朝鮮の鉱物採掘事業が本格化すれば、建設機械メーカーのビジネスチャンスとなる。

もちろん、キャタピラーやコマツ、ＣＮＨインダストリアルといった世界的企業の商機にもなるが、時価総額九兆円のキャタピラーや三・五兆円のコマツに比べ、斗山インフラコアは二三五〇億円とまだ規模が小さく、その分の伸びしろが期待できる。

「ＳＫテレコム（ＫＲＸ：０１７６７０）」は、石油精製・通信事業を軸とする韓国財閥ＳＫグループの移動体通信部門を担当する子会社で、前身となる韓国移動通信は一九八四年に設立された。一九九七年にＳＫグループ傘下入りし、現在は二八〇〇万人の利用者を抱えシェア五〇％を誇る韓国一のキャリアとなっている。有名芸能人を多数起用し高級路線のブランドイメージを確立、料金は高いものの保有したがる人が多い点が強みだ。モンゴルやウズベキスタン、カンボジアでは最初の携帯電話サービス立ち上げに関わっており、南北統一後には半島全体をカバーするサービス網整備にもいち早く名乗りを上げると予想される。

北朝鮮の携帯電話普及率は人口一〇〇人当たり一一・一九件で、韓国の一一五・五四件から大きく水をあけられている。しかし、南北統一後には急速に普及が進み、韓国に匹敵する水準にまで進展することも予想される。となれば、新たに二〇〇〇万回線のビジネスが発生する可能性があり、韓国の携帯電話会社に多大な恩恵をもたらすこととなる。

しかしながら、ＳＫテレコムの高価格路線はシェア拡大のネックとなる可能性がある。北朝鮮の所得水準は韓国に比べ圧倒的に低く、多くの国民にとって

ＳＫの携帯電話は高根の花となるだろう。北朝鮮市場は、むしろ低価格帯のキャリアにとってシェア拡大のチャンスとなるかもしれない。

韓国のモバイルキャリア三社のうち、「安さ」とユニークなサービスをウリに差別化を図っているのが、韓国一〇大財閥の一つ、ＬＧグループの携帯電話事業会社「ＬＧユープラス（ＫＲＸ：０３２６４０）」だ。前身となるＬＧテレコムは一九九七年にサービスを開始、現在は一一〇〇万人のユーザーを抱え約二〇％のシェアを持つ。ＬＧはキャリアとしては後発組であり、また「安売りブランド」のイメージもあってシェア拡大が進まなかったが、独創的なデザインや高い顧客満足が奏功し、じりじりと上位二社の牙城を切り崩している。こうした立ち位置は、低所得の北朝鮮市場に食い込んで行くには強みとなることだろう。今後の展開に非常に期待が持てる銘柄といえる。

韓国最大の鉄鋼メーカーにして、世界第五位の粗鋼生産量（二〇一六年）を誇るのが「ポスコ（ＫＲＸ：００５４９０）」だ。国営の浦項《ポハン》総合製鉄所《そうごうせいてつしょ》を母体とし、アジア通貨危機後の二〇〇〇年に完全民営化、二〇〇二年に英文社名の

「Pohang Iron and Steel Company」の略称を正式社名にした。現在は韓国取引所（ＫＲＸ）の他に、「東京証券取引所（証券コード５４１２）」、「ニューヨーク証券取引所（ティッカーＰＫＸ：ただしＡＤＲ銘柄）」にも上場している。

北朝鮮のインフラ建設ラッシュによる鉄鋼需要は韓国の鉄鋼メーカーにも大きな恩恵をもたらすことだろう。しかしながら、ポスコは時価総額三兆円規模ですでに世界的大企業となっている。北朝鮮「特需」による株価への影響をより大きく受けるのは、もしかすると同業他社かもしれない。

では、韓国の鉄鋼メーカーで恩恵を被る可能性があるのはどの企業か。あくまで私見ではあるが、韓国でも二番手、三番手のメーカーの方が株価に影響する経済効果がもたらされるのではないかと見ている。具体的には、現代自動車グループ傘下の「現代製鉄（ＫＲＸ：００４０２０）」「東国製鋼（ＫＲＸ：００１２３０）」といった企業がその候補だ。

「オットゥギ（ＫＲＸ：００７３１０）」は、インスタントラーメンやレトルト食品、冷凍食品、調味料、お茶などを製造、販売する韓国の食品企業だ。カレーやケチャップ、マヨネーズなどを韓国に普及させ、二〇〇九年には一兆ウォン（約一〇〇〇億円）企業となった。近年では、韓国食材の輸入会社を通じて日本の一部スーパーでも購入ができる他、インターネットのショッピングサイトでも取り扱いが豊富だ。比較的保存性の良い加工食品は、北朝鮮国民にもいち早く受け入れられるだろう。また、北朝鮮でなじみの薄かった調味料なども、爆発的な普及が見込める。

「農心《ノンシン》（KRX：004370）」は一九六五年創業の製麺、インスタント食品、スナック菓子の製造会社だ。創業者はロッテの創業者の実弟で、当初は「ロッテラーメン」というブランドで製造を行なっていた。現在の主力は「辛ラーメン」というインスタント麺である。日本国内でも外国食材店などでは取り扱いがあるため、なじみがある方も存外多いかもしれない。比較的早くから海外進出を展開しており、現在では一〇〇ヵ国以上に輸出を展開している。

韓国では、キムチや肉、魚介、豆腐などを入れた辛い鍋「チゲ」が有名だが、この鍋の締めにインスタントラーメンを入れて食べるのが流行りだ。このインスタント麺によく使われるのが、農心と前述のオットゥギである。この二社は、韓国では知らない人はいないというほどのメジャーブランドだ。

さてここで、「野村のリスト」には載っていないが、ちょっと変わった視点で注目しておきたい銘柄を紹介しよう。

「ロッテ（ＫＲＸ：００４９９０）」といえば、チューインガムやお菓子で有名な食品メーカーで、千葉ロッテマリーンズのオーナー企業だが、実は日本では非上場の会社である。創業者の出身地である韓国では、製菓のみならず百貨店、ホテル、テーマパークを運営、さらにはグループ企業に損害保険やカード会社、ファストフードチェーン、広告代理店、レンタカー、建設会社や石化会社などを抱える一大財閥だ。当然ながら、北朝鮮市場の開放に伴って生まれるビジネスチャンスを活かすべく、財閥の総合力を挙げて様々な事業機会を目下検討しているとのことだ。おそらく、製菓や百貨店だけでなくリゾートやファストフードなどあらゆる業態での参入を目指すことだろう。その潜在力には、大いに期待が持てる。

「オリオン（ＫＲＸ：２７１５６０）」は、ロッテに次ぐ韓国の大手菓子メーカーで、一九五六年に創業した。一九九七年からは海外進出をはじめ、中国、ベトナム、ロシアに生産拠点を設けている。この会社の主力商品は「チョコパイ」で、これが韓国の人たちには広く親しまれているのだ。そしておそらく、このチョコパイは南北統一後の北朝鮮でも爆発的なヒットとなるだろう。

あるエピソードがある。二〇〇四年六月、北朝鮮南部の開城《ケソン》郊外に、南北経済協力事業の一環として大規模な工業団地が建てられた。韓国側が資本と技術を、北朝鮮が土地と労働力を提供して操業を開始したが、ここで働く北朝鮮労働者向けに配られたのがオリオンのチョコパイだ。

韓国企業は労働の対価として賃金を支払うが、それらは一度北朝鮮政府が受け取り、七割をピンハネして残りを労働者が受け取る。これでは労働者も食べて行けず、当然生産性も上がらない。そこで企業側が考えたのがやる気を出させる「おやつ」の直接支給だったのだ。しかしそのチョコパイが、あまりにも美味し過ぎた。労働者は食べずに持ち帰り家族や親戚に配ったが、北朝鮮国民は多くが貧困にあえぐ人たちである。もらった親戚や家族も自分では食べずにヤミ市場で転売し始めたのだ。韓国のチョコパイはうまいと評判だったため、ヤミでもよく売れた。ほどなくして高騰したチョコパイは、「第二の通貨」となり、ヤミ経済を駆け巡ったのである。

事態を重く見た北朝鮮当局はチョコパイの支給中止に動き、現在ではこうした取引は行なわれていないが、この時チョコパイの味を知った人の多くは、その美味しさを深く脳裏に刻んだことだろう。経済交流が活発化すれば、このチョコパイの人気が沸騰することは間違いない。

さて、ここまで具体的に銘柄を見てきたが、いずれも一般の日本人にとっては少々取り掛かりづらいという難点がある。ただ、それで諦めることはない。南北統一によって韓国株式が全体的に持ち上がるとするなら、そこに投資すればよい話だ。もっとも簡単な方法は、韓国の株式指数である「ＫＯＳＰＩ」に連動する「ＥＴＦ」を買うことだ。かつて、東西統一を成し遂げたドイツでも株式指数は大きく上昇した。つまり、株式指数だけでも十分に恩恵を被ることは可能なのだ。

個別銘柄への投資は、指数への投資に比べて大きなリスクを伴う。経済統合などの進捗で、あるいは政治的な思惑によって、有望と思われた企業が大きく失速したり、まったく別の企業が台頭したりもする。ここで挙げた銘柄は確かに現在のところ期待大だが、これもどう転ぶかはふたを開けてみないとわからないということだ。

ただ、韓国のマーケットは上位の一〇財閥でほぼ寡占状態となっており、また政治にも深く関わっている。彼らが何らかの経済的恩恵を受けることは間違いないだろう。となると、やはり一番手堅いのは「KOSPI」の「ETF」ということかもしれない。

「北朝鮮銘柄」――その他編

ここまでで、北朝鮮の経済開放による日本、米国、韓国の期待銘柄を見てきた。最後に、日米韓以外の期待銘柄についても簡単に触れておこう。

まず鉱物資源関連だが、すぐに思いつくのは粗鋼生産第一位の中国だ。世界の粗鋼生産上位一〇社のうち、中国企業はなんと五社も占めているのだ。しかしながら、いずれも鉄鉱石を輸入に頼る産業構造であり、また老朽化した施設による低い生産性や業界再編が進まないなどの問題を抱える。

もし北朝鮮で鉄鉱石採掘が開始されれば、遠い海外から輸入せずとも近場で鉄鉱石を確保できるようになり、事業性の向上が期待できる。上位五社の中でも、特に粗鋼生産世界七位（二〇一六年）の鞍山鋼鉄集団は、北朝鮮と国境を接する遼寧省に本拠を置く有力企業で、北朝鮮産の鉄鉱石の恩恵を大きく受けるはずだ。その中核企業である「鞍鋼（Ｈ株　００３４７）」は香港に上場している。

エネルギー分野では、ロシアの進出も見逃せない。北朝鮮が市場開放すれば、天然ガスや石油のパイプライン建設を通じて北朝鮮やさらには韓国、日本への本格的な進出も展望できる。国家的プロジェクトとなるが、ロシアの財閥系企業が実務的なプレイヤーとなるだろう。「ガスプロム（MICEX：GAZP）」や「ロスネフチ（MICEX：ROSN）」など、旧国営の企業が有力だ。

ここまで見てきた銘柄は、冒頭でも触れた通り「和平銘柄」であり、今後の米朝交渉の行方いかんでは完全にひっくり返ってしまう可能性がある。ただ、南北統一に向けた経済交流が始まれば、その恩恵に浴する企業群にはいち早く投資家が集まることだろう。現在の株価水準や各社の業績推移、朝鮮半島ビジネスへの意欲などをにらみながら、いつでも投資行動に移れるようにすることが重要だ。また、一部銘柄については「青田買い」よろしく仕込んでおくという楽しみ方もアリだろう。

「気が早いのでは」という声も聞こえそうだが、そういう時期だからこそ実現した時の利益も計り知れないものとなる。これら銘柄情報を参考にしながら、大いに前向きに検討していただきたい。

エピローグ

北朝鮮投資を始める前に

大和平か戦争か。いまだに最終的な落としどころは見えない状況だが、どちらに転んだとしてもとんでもない投資のチャンスがころがっているのは間違いない。

あなたもぜひ、タフな投資家になっていただきたい。世界情勢の大変転を怖がるのではなく、むしろチャンスとして捉えてたくましく生きていただきたい。

いずれにしても、北朝鮮が「最後の投資の楽園」であることは間違いない。ただし、それにどうアクセスするか、タイミングはいつが良いのか、そしてどのくらいの額を投資するのか――それを判断するのはもちろんあなただ。リスクなきところに投資のリターンもない。

そして、一つ忠告したいのは「フライングをしないように」ということだ。情報収集し、準備をしておくのは構わないが、本当に非核化が実現し、拉致問題が解決してから投資をスタートしよう。それが、日本人として最低限のマナーだ。

その当たり前の前提をふまえつつ、チャンスをものにしていただければ、本書発刊の目的は達したと言えるだろう。あとは、読者諸氏のご健闘を祈るばかりだ。

二〇一八年七月吉日

浅井　隆

浅井隆からの重要なお知らせ
——国家破産を生き残るための具体的ノウハウ

厳しい時代を賢く生き残るために必要な情報収集手段

本当に価値のある情報をお届けする「経済トレンドレポート」

最初にお勧めしたいのが、浅井隆が取材した特殊な情報や、浅井が信頼する人脈から得た秀逸な情報をいち早くお届けする「経済トレンドレポート」です。今まで数多くの経済予測を的中させてきました。そうした特別な経済情報を年三三回（一〇日に一回）発行のレポートでお届けします。初心者や経済情報に慣れていない方にも読みやすいレポートで、新聞やインターネットに先立つ情報や、大手マスコミとは異なる切り口からまとめた情報を掲載しています。

　さらにその中で恐慌、国家破産に関する『特別緊急警告』も流しております。

「激動の二一世紀を生き残るために対策をしなければならないことは理解したが、何から手を付ければよいかわからない」「経済情報をタイムリーに得たいが、難しい内容にはついて行けない」という方は、まずこの経済トレンドレポートをご購読ください。経済トレンドレポートの会員になられますと、様々な割引・特典を受けられます。

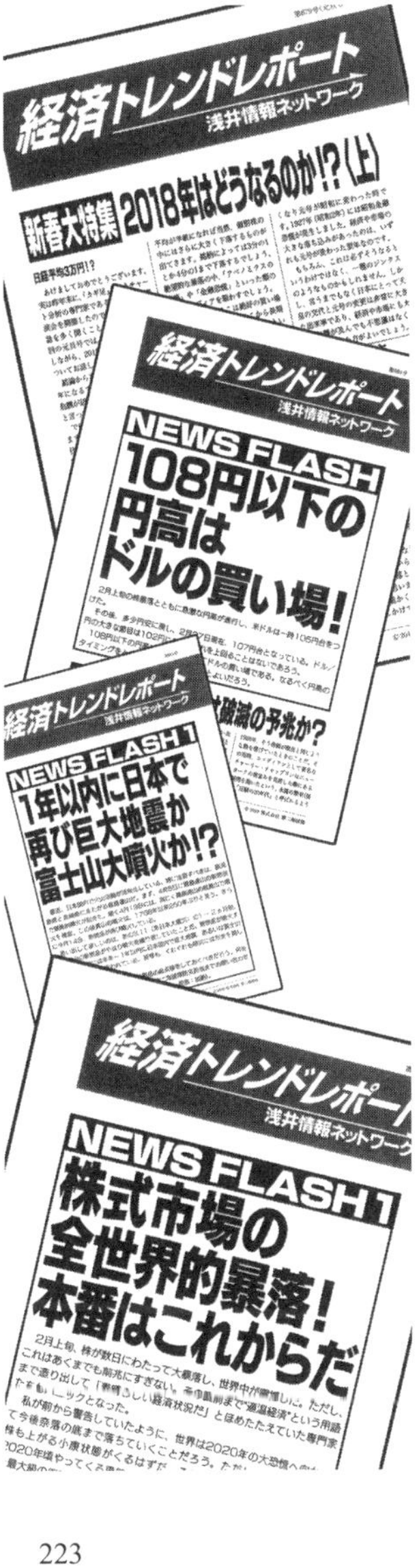

詳しいお問い合わせ先は、㈱第二海援隊まで。
TEL：〇三（三二九一）六一〇六　FAX：〇三（三二九一）六九〇〇

恐慌・国家破産への実践的な対策を伝授する会員制クラブ

国家破産対策を本格的に実践したい方にぜひお勧めしたいのが、第二海援隊の一〇〇%子会社「株式会社日本インベストメント・リサーチ」（関東財務局長（金商）第九二六号）が運営する三つの会員制クラブ（「自分年金クラブ」「ロイヤル資産クラブ」「プラチナクラブ」）です。

まず、この三つのクラブについて簡単にご紹介しましょう。「自分年金クラブ」は、資産一〇〇〇万円未満の方向け、「ロイヤル資産クラブ」は資産一〇〇〇万〜数千万円程度の方向け、そして最高峰の「プラチナクラブ」は資産一億円以上の方向け（ご入会条件は資産五〇〇〇万円以上）で、それぞれの資産規模に応じた魅力的な海外ファンドの銘柄情報や、国内外の金融機関の活用法に関する情報を提供しています。

恐慌・国家破産は、なんといっても海外ファンドや海外口座といった「海外の活用」が極めて有効な対策となります。特に海外ファンドについては、私たちは早くからその有効性に注目し、二〇年以上にわたって世界中の銘柄を調査してまいりました。本物の実力を持つ海外ファンドの中には、恐慌や国家破産といった有事に実力を発揮するのみならず、平時には資産運用としても魅力的なパフォーマンスをしめすものがあります。こうした情報を厳選してお届けするのが、三つの会員制クラブの最大の特長です。

その一例をご紹介しましょう。三クラブ共通で情報提供する「ATファンド」は、先進国が軒並みゼロ金利というこのご時世にあって、年率六～七％の収益を安定的に挙げています。これは例えば三〇〇万円を預けると毎年約二〇万円の収益を複利で得られ、およそ一〇年で資産が二倍になる計算となります。しかもこのファンドは、二〇一一年の運用開始から一度もマイナスを計上したことがないという、極めて優秀な運用実績を残しています。日本国内の投資信託などではとても信じられない数字ですが、世界中を見渡せばこうした優れた銘柄はまだまだあるのです。

冒頭にご紹介した三つのクラブでは、「ATファンド」をはじめとしてより高い収益力が期待できる銘柄や、恐慌などの有事により強い力を期待できる銘柄など、様々な魅力を持ったファンド情報をおとどけしています。なお、資産規模が大きいクラブほど、取り扱い銘柄数も多くなっております。

また、ファンドだけでなく金融機関選びも極めて重要です。単に有事にも耐えうる高い信頼性というだけでなく、各種手数料の優遇や有利な金利が設定されている、日本に居ながらにして海外の市場と取引ができるなど、金融機関も様々な特長を持っています。こうした中から、各クラブでは資産規模に適した、魅力的な条件をもつ国内外の金融機関に関する情報を提供し、またその活用方法についてもアドバイスしています。

その他、国内外の金融ルールや国内税制などに関する情報など資産防衛に有用な様々な情報を発信、会員様の資産に関するご相談にもお応えしております。浅井隆が長年研究・実践してきた国家破産対策のノウハウを、ぜひあなたの大切な資産防衛にお役立てください。
詳しいお問い合わせは「㈱日本インベストメント・リサーチ」まで。
TEL：〇三（三二九一）七二九一　FAX：〇三（三二九一）七二九二
Eメール：info@nihoninvest.co.jp

日本国政府の借金は先進国中最悪で、GDP比二五〇％に達し、太平洋戦争終戦時を超えて、いつ破産してもおかしくない状況です。国家破産へのタイムリミットが刻一刻と迫りつつある中、ご自身のまたご家族の老後を守るためには二つの情報収集が欠かせません。

一つは「国内外の経済情勢」に関する情報収集、もう一つは「海外ファンド」に関する情報収集です。これについては新聞やテレビなどのメディアやインターネットでの情報収集だけでは絶対に不十分です。私はかつて新聞社に勤務し、以前はテレビに出演をしたこともありますが、その経験から言えることは「新聞は参考情報。テレビはあくまでショー（エンターテインメント）」だということです。インターネットも含め誰もが簡単に入手できる情報で、これからの激動の時代を生き残って行くことはできません。

皆様にとってもっとも大切なこの二つの情報収集には、第二海援隊グループ（代表 浅井隆）で提供する「会員制の特殊な情報と具体的なノウハウ」をぜひご活用下さい。

浅井隆の「株投資クラブ」がついに始動！

現在の日本および世界のトレンドは、一〇年前の金融危機がまるで嘘のように好調を維持しています。一方、来たるべき次の危機（世界恐慌や重債務国の破綻）への懸念も高まっています。こうした「激動と混乱」の時代は、多くの人たちにとっては保有資産の危機となりますが、「資産家は恐慌時に生まれる」という言葉がある通り、トレンドをしっかりと見極め、適切な投資を行なえば資産を増大させる絶好の機会となります。

浅井隆は、長年の経済トレンド研究から、いよいよ大激動に突入する今この時期こそ、むしろ株投資に打って出る「千載一遇のチャンス」であると確信し、皆様と共にピンチを逆手に大きく資産を育てるべく、株に関する投資助言クラブの設立を決意しました。

アベノミクス以降、日本の株は堅調に上がってきましたが、二〇一九年後半～二〇年にかけて世界恐慌という有事により株価が暴落する可能性があります。しかしながら、その後の日本株は高インフレで長期上昇を見せることになるでしょう。詳細は割愛しますが、こうしたトレンドの転換点を適切に見極め、大胆かつ慎重に行動すれば、一〇年後に資産を一〇倍にすることすら可能です。

このたび設立した「日米成長株投資クラブ」は、現物株式投資だけでなく、先物、オプション、国債、為替にまで投資対象を広げつつ、経済トレンドの変化にも柔軟に対応するという、他にはないユニークな情報を提供するクラブです。現代における最高の投資家であるウォーレン・バフェットとジョージ・ソロスの投資哲学を参考として、割安な株、成長期待の高い株を見極め、じっくり保有するバフェット的発想と、経済トレンドを見据えた大局観の投資判断を行なうソロス的手法（日経平均、日本国債の先物での売り）を両立することで、大激動を逆手に取り、「二〇年後に資産一〇倍」を目指します。

銘柄の選定やトレンド分析は、私が信頼するテクニカル分析の専門家、川上明氏による「カギ足分析」を主軸としつつ、長年多角的に経済トレンドの分析を行なってきた浅井隆の知見も融合して行ないます。川上氏のチャート分析は極めて強力で、たとえば日経平均では二八年間で約七割の驚異的な勝率をたたき出しています。

会員の皆様には、当クラブにて大激動を逆手に取って大いに資産形成を成功させていただきたいと考えております。なお、貴重な情報を効果的に活用するため少数限定とさせていただきたいと思っております。ぜひこのチャンスを逃さずにお問い合わせ下さい。サービス内容は以下の通りです。

1．浅井隆、川上明氏（テクニカル分析専門家）が厳選する低位小型株銘柄の情報提供

2．株価暴落の予兆を分析し、株式売却タイミングを速報

3．日経平均先物、国債先物、為替先物の売り転換、買い転換タイミングを速報
4．バフェット的発想による、日米の超有望成長株銘柄を情報提供
詳しい連絡は「㈱日本インベストメント・リサーチ」まで。
TEL：〇三（三二九一）七二九一　FAX：〇三（三二九一）七二九二
Eメール：info@nihoninvest.co.jp

「ダイヤモンド投資情報センター」

現物資産を持つことで資産保全を考える場合、小さくて軽いダイヤモンドは持ち運びも簡単で、大変有効な手段と言えます。近代画壇の巨匠・藤田嗣治は第二次世界大戦後、混乱する世界を渡り歩く際、資産として持っていたダイヤを絵の具のチューブに隠して持ち出し、渡航後の糧にしました。金《きん》だけの資産防衛では不安という方は、ダイヤを検討するのも一手でしょう。

しかし、ダイヤの場合、金《きん》とは違って公的な市場が存在せず、専門の鑑定士

がダイヤの品質をそれぞれ一点ずつ評価して値段が決まるため、売り買いは金《きん》に比べるとかなり難しいという事情があります。そのため、信頼できる専門家や取扱店と巡り合えるかが、ダイヤモンドでの資産保全の成否の分かれ目です。

そこで、信頼できるルートを確保し業者間価格の数割引という価格での購入が可能で、GIA（米国宝石学会）の鑑定書付きという海外に持ち運んでも適正価格での売却が可能な条件を備えたダイヤモンドの売買ができる情報を提供いたします。

また、資産としてのダイヤモンドを効果的に売買する手法をお伝えする、専門家によるレクチャーを二〇一八年一〇月一三日（土）に開催いたします。

ご関心がある方は「ダイヤモンド投資情報センター」にお問い合わせ下さい。

TEL：〇三（三二九一）六一〇六　担当：大津・加納

『浅井隆と行くニュージーランド視察ツアー』

南半球の小国でありながら独自の国家戦略を掲げる国、ニュージーランド。

浅井隆が二〇年前から注目してきたこの国が今、「世界でもっとも安全な国」として世界中から脚光を浴びています。核や自然災害の驚異、資本主義の崩壊に備え、世界中の大富豪がニュージーランドに広大な土地を購入し、サバイバル施設を建設しています。さらに、財産の保全先（相続税、贈与税、キャピタルゲイン課税がありません）、移住先としてもこれ以上の国はないかもしれません。

そのニュージーランドを浅井隆と共に訪問する、「浅井隆と行くニュージーランド視察ツアー」を二〇一八年一一月に開催致します（その後も毎年一一月の開催を予定しております）。現地では浅井の経済最新情報レクチャーもございます。内容の充実した素晴らしいツアーです。ぜひ、ご参加下さい。

ＴＥＬ：〇三（三二九一）六一〇六　担当：大津

近未来の通貨を提案「ビットコイン（仮想通貨）クラブ」

動きが激しい分、上昇幅も大きく、特に二〇一七年は「仮想通貨元年」と日本で言われたこともあり、二〇一七年初めから一二月まででビットコインの価格は約二〇倍にもなっています。また、ビットコインに次ぐ第二番目の時価総額を誇る「イーサリアム」は、二〇一七年初めから同じく一二月まででなんと約一〇〇倍にもなっています。このような破壊的な収益力を誇る仮想通貨を利用するための正しい最新情報を「ビットコイン（仮想通貨）クラブ」では発信します。

二〇一七年一一月スタートした「ビットコイン（仮想通貨）クラブ」では大きく五つの情報提供サービスをいたします。一つ目は仮想通貨の王道「ビットコイン」の買い方、売り方（ＰＣやスマートフォンの使い方）の情報。二つ目は仮想通貨の仕様や取り巻く環境の変更についての情報（分岐や規制、税制など）。三つ目は詐欺の仮想通貨の情報、四つ目は仮想通貨取引所の活用時の注意点についての情報。最後五つ目は仮想通貨のその他付属情報や最新情報です。

「ビットコイン（仮想通貨）クラブ」では、仮想通貨の上昇、下落についての投資タイミングの助言は行ないません。しかし、これまで仮想通貨は拡大を続けると同時にその価値を高めていますので、二、三年の中、長期でお考えいただくと非常に面白い案件と言えるでしょう。「よくわからずに怖い」という方もPCやスマートフォンの使い方から指導の上、少額からでも（たとえば一〇〇〇円からでも）始めることができますので、まずは試してみてはいかがでしょうか。

東京・大阪にて、年二回ほどセミナーを行なっております。すでに二〇一八年一月に行ないましたので、次回は大阪・二〇一八年八月三〇日（木）、東京・九月一日（土）を予定しております。

詳しいお問い合わせ先は「ビットコイン（仮想通貨）クラブ」

ＴＥＬ：〇三（三二九一）六一〇六　ＦＡＸ：〇三（三二九一）六九〇〇

浅井隆のナマの声が聞ける講演会

著者・浅井隆の講演会を開催いたします。二〇一八年は名古屋・一〇月一九日（金）、大阪・一〇月二六日（金）、東京・一一月二日（金）を予定しております。国家破産の全貌をお伝えすると共に、生き残るための具体的な対策を詳しく、わかりやすく解説いたします。

いずれも、活字では伝わることのない肉声による貴重な情報にご期待下さい。

第二海援隊ホームページ

また、第二海援隊では様々な情報をインターネット上でも提供しております。詳しくは「第二海援隊ホームページ」をご覧下さい。私ども第二海援隊グループは、皆様の大切な財産を経済変動や国家破産から守り殖やすためのあらゆる情報提供とお手伝いを全力で行ないます。

また、浅井隆によるコラム「天国と地獄」を一〇日に一回、更新中です。経済を中心に、長期的な視野に立って浅井隆の海外をはじめ現地生取材の様子をレポートするなど、独自の視点からオリジナリティ溢れる内容をお届けします。

ホームページアドレス：http://www.dainikaientai.co.jp/

改訂版!!「国家破産秘伝」「ファンド秘伝」

必読です

浅井隆が世界を股にかけて収集した、世界トップレベルの運用ノウハウ（特に「海外ファンド」に関する情報満載）を凝縮した小冊子を作りました。実務レベルで基礎の基礎から解説しておりますので、本気で国家破産から資産を守りたいとお考えの方は必読です。ご興味のある方は以下の二ついずれかの方法でお申し込み下さい。

①現金書留にて一〇〇〇円（送料税込）と、お名前・ご住所・電話番号および「別冊秘伝」希望と明記の上、弊社までお送り下さい。

②一〇〇〇円分の切手（券種は、一〇〇円・五〇〇円・一〇〇〇円に限ります）と、お名前・ご住所・電話番号および「別冊秘伝」希望と明記の上、弊社までお送り下さい。

郵送先　〒一〇一―〇〇六二　東京都千代田区神田駿河台二―五―一

住友不動産御茶ノ水ファーストビル八階　株式会社第二海援隊「別冊秘伝」係

TEL：〇三（三二九一）六一〇六　FAX：〇三（三二九一）六九〇〇

〈参考文献〉

【新聞・通信社】

『日本経済新聞』『読売新聞』『夕刊フジ』『ブルームバーグ』『ロイター』
『ＢＢＣニュース』『聯合ニュース』『東亜日報』『鶏鳴新聞』

【書籍】

『なぜ北朝鮮は孤立するのか』（平井久志著・新潮社）
『北朝鮮を知るための51章』（石坂浩一著・明石書店）
『親日派のための弁明』（金完燮著・草思社）
『THE NEW KOREA』（アレン・アイルランド著・桜の花出版）
『会社四季報』（東洋経済新聞社）

【論文】

『戦後北朝鮮経済の展望』（木村光彦・比較経済研究）
『帝国の断絶と連続――北朝鮮の場合』（木村光彦・人文学報　京都大学人文科学研究所）
『朝鮮民主主義人民共和国における経済開発区設立に関する一考察』（李聖華・ERINA REPORT）
『北朝鮮における経済開発区設立の背景および展望』（権秀蓮・権哲男・ERINA REPORT）

【その他】

『Newsweek』『現代ビジネス』

【ホームページ】

フリー百科事典『ウィキペディア』
『首相官邸』『外務省』『ホワイトハウス』『日本貿易振興機構（JETRO)』
『国際貿易投資研究所（ITI)』『米国食肉輸出連合会』『電気事業連合会』
『農林中金総合研究所』『海外電力調査会』『ニューズウィーク日本版』
『ウォール・ストリート・ジャーナル日本版』『AFP』『NNA』
『日経ビジネスオンライン』『JBpress』『東洋経済オンライン』
『プレジデントオンライン』『ダイヤモンド・オンライン』『IT Media』
『ハフポスト日本版』『週プレＮＥＷＳ（週刊プレイボーイ)』
『Yahoo！ニュース』『Yahoo！ 株式掲示板』『日経平均プロフィル』
『株式マーケットデータ』『中央日報』『朝鮮日報』『ハンギョレ』
『大紀元日本』『レコードチャイナ』『デイリーＮＫジャパン』
『ＬＮＥＷＳ（ロジスティクス・パートナー)』『内藤証券』『ＥＳＲＩジャパン』
『株探（みんかぶ)』『ゼロワンマガジン』『ＳＢＩ証券』『カブドットコム証券』
『MONEYzine』『丸紅エッグ』『もっと！コリア（Ｏ２ＣＮＩ)』

〈著者略歴〉
浅井　隆　（あさい　たかし）
経済ジャーナリスト。1954 年東京都生まれ。学生時代から経済・社会問題に強い関心を持ち、早稲田大学政治経済学部在学中に環境問題研究会などを主宰。一方で学習塾の経営を手がけ学生ビジネスとして成功を収めるが、思うところあり、一転、海外放浪の旅に出る。帰国後、同校を中退し毎日新聞社に入社。写真記者として世界を股に掛ける過酷な勤務をこなす傍ら、経済の猛勉強に励みつつ独自の取材、執筆活動を展開する。現代日本の問題点、矛盾点に鋭いメスを入れる斬新な切り口は多数の月刊誌などで高い評価を受け、特に 1990 年東京株式市場暴落のナゾに迫る取材では一大センセーションを巻き起こす。その後、バブル崩壊後の超円高や平成不況の長期化、金融機関の破綻など数々の経済予測を的中させてベストセラーを多発し、1994 年に独立。1996 年、従来にないまったく新しい形態の 21 世紀型情報商社「第二海援隊」を設立し、以後約 20 年、その経営に携わる一方、精力的に執筆・講演活動を続ける。2005 年 7 月、日本を改革・再生するための日本初の会社である「再生日本 21」を立ち上げた。主な著書：『大不況サバイバル読本』『日本発、世界大恐慌！』（徳間書店）『95 年の衝撃』（総合法令出版）『勝ち組の経済学』（小学館文庫）『次にくる波』（PHP 研究所）『Human Destiny』（『9・11 と金融危機はなぜ起きたか !?〈上〉〈下〉』英訳）『あと２年で国債暴落、１ドル＝ 250 円に !!』『いよいよ政府があなたの財産を奪いにやってくる !?』『2017 年の衝撃〈上〉〈下〉』『すさまじい時代〈上〉〈下〉』『世界恐慌前夜』『あなたの老後、もうありません！』『日銀が破綻する日』『ドルの最後の買い場だ！』『預金封鎖、財産税、そして 10 倍のインフレ !!〈上〉〈下〉』『トランプバブルの正しい儲け方、うまい逃げ方』『世界沈没——地球最後の日』『2018 年 10 月までに株と不動産を全て売りなさい！』『世界中の大富豪はなぜＮＺに殺到するのか !?〈上〉〈下〉』『円が紙キレになる前に金を買え！』『元号が変わると恐慌と戦争がやってくる !?』『有事資産防衛 金か？ ダイヤか？』『第２のバフェットか、ソロスになろう !!』『浅井隆の大予言〈上〉〈下〉』『2020 年 世界大恐慌』（第二海援隊）など多数。

北朝鮮投資大もうけマニュアル

2018 年 7 月 26 日　初刷発行

著　者　浅井　隆
発行者　浅井　隆
発行所　株式会社　第二海援隊
〒 101-0062
東京都千代田区神田駿河台２-５-１　住友不動産御茶ノ水ファーストビル８Ｆ
電話番号　03-3291-1821　FAX 番号　03-3291-1820

印刷・製本／株式会社シナノ

ISBN978-4-86335-191-2
Printed in Japan

第二海援隊発足にあたって

日本は今、重大な転換期にさしかかっています。にもかかわらず、私たちはこの極東の島国の上で独りよがりのパラダイムにどっぷり浸かって、まだ太平の世を謳歌しています。

しかし、世界はもう動き始めています。その意味で、現在の日本はあまりにも「幕末」に似ているのです。ただ、今の日本人には幕末の日本人と比べて、決定的に欠けているものがあります。それこそ、志と理念です。現在の日本は世界一の債権大国（＝金持ち国家）に登り詰めはしましたが、人間の志と資質という点では、貧弱な国家になりはててしまいました。それこそが、最大の危機といえるかもしれません。

そこで私は「二十一世紀の海援隊」の必要性を是非提唱したいのです。今日本に必要なのは、技術でも資本でもありません。志をもって大変革を遂げることのできる人物と、それを支える情報です。まさに、情報こそ〝力〟なのです。そこで私は本物の情報を発信するための「総合情報商社」および「出版社」こそ、今の日本にもっとも必要と気付き、自らそれを興そうと決心したのです。

しかし、私一人の力では微力です。是非皆様の力をお貸しいただき、二十一世紀の日本のために少しでも前進できますようご支援、ご協力をお願い申し上げる次第です。

浅井　隆